2022年度国家出版基金资助项目

新发展格局下的
长三角一体化

◇◇◇◇◇◇◇◇◇◇◇◇◇◇◇◇◇◇◇◇ 刘志彪 凌永辉 孔令池 著

经济学家范恒山、金碚鼎力推荐

XINFAZHAN
GEJU XIA DE
CHANGSANJIAO YITIHUA

全国百佳图书出版单位
时代出版传媒股份有限公司
安徽人民出版社

图书在版编目(CIP)数据

新发展格局下的长三角一体化/刘志彪,凌永辉,孔令池著.—合肥:安徽人民出版社,2022.5

ISBN 978-7-212-10838-0

Ⅰ.①新… Ⅱ.①刘… ②凌… ③孔… Ⅲ.①长江三角洲—区域经济发展—研究 Ⅳ.①F127.5

中国版本图书馆 CIP 数据核字(2021)第 271370 号

新发展格局下的长三角一体化

刘志彪 凌永辉 孔令池 著

出 版 人:杨迎会 　　　　　　策 　划:何军民

责任编辑:吴 筠 王大丽 　　　责任印制:董 亮

　　　　 李 芳 黄牧远 　　　装帧设计:侯 建

责任校对:张 春 方贵京

出版发行:安徽人民出版社 http://www.ahpeople.com

地　　址:合肥市政务文化新区翡翠路 1118 号出版传媒广场八楼

邮　　编:230071

电　　话:0551-63533258 　0551-63533292(传真)

印　　制:安徽新华印刷股份有限公司

开本:710mm×1010mm 　1/16 　　印张:14.5 　　字数:180 千

版次:2022 年 5 月第 1 版 　　2022 年 5 月第 1 次印刷

ISBN 978-7-212-10838-0 　　　定价:36.00 元

目　录

第三篇
长三角加快打造改革开放新高地/183

双循环新发展格局下长三角区域
一体化的新使命

《中共中央关于制定国民经济和社会发展第十四个五年规划和二〇三五年远景目标的建议》中明确提出,"十四五"时期经济社会发展的主要目标之一,就是要加快构建以国内大循环为主体、国内国际双循环相互促进的新发展格局。这是适应我国经济发展阶段变化的主动选择,是应对错综复杂的国际环境变化的战略举措,是发挥我国超大规模经济体优势的内在要求。在双循环新发展格局下,长三角一体化发展被赋予了新的使命和任务,也面临更高的要求。

第一节　双循环新发展格局的内在逻辑主线

正确认识和履行双循环新发展格局下长三角区域一体化的新

使命,首先需要把握双循环新发展格局的内在逻辑主线。构建双循环新发展格局,要从以国际循环为主转向以国内大循环为主。也就是说,过去的客场经济全球化,其特点是以国际经济循环为主,国内经济循环无论是深度还是广度都极其有限;而在主场经济全球化中,基于内需的全球价值链(GVC)将发挥更加基础性、战略性、长远性的作用,体现了以国内市场大循环为主体的优先地位,以及国际市场循环的支持作用。

一、双循环新发展格局的理论逻辑

双循环新发展格局是技术大变革之下全球价值链分工的动态演变和深化。20世纪下半叶以来,在跨国公司的主导下,产业链在全球范围内呈现出纵向非一体化的趋势。也就是说,从产品研发、原材料供应、零配件生产、深度组装最终品到市场销售的各环节,被配置在不同的国家和地区,以充分利用世界各地的比较优势。这就是所谓的 GVC 分工,也称产品内分工。这一方面是因为"二战"后贸易自由化成为国际共识,发达国家和发展中国家在要素禀赋结构上具有较好的互补性,因而 GVC 分工成为国际产业分工的主要形态;另一方面,也是因为发达国家的大型企业为了在全球范围内寻求廉价要素和充足市场,以实现成本最小化和利润最大化。从学理上讲,GVC 分工的基础在于技术变革、比较优势和规模经济三个方面。

首先,技术进步和变革决定了特定产品的生产过程在空间上可分离。特定产品生产的空间可分离性,是企业将不同生产阶段分散配置到世界不同区域的前提。而且,这种可分离性越强,生产的迁回化强度就越大,从而产业链延伸越长。但很显然的是,它取决于技术发展和进步水平。譬如,从蒸汽技术革命到电力技术革命,产品的生产组织方式也从亚当·斯密笔下生产扣针的小工厂,发展成为大规模流水线生产的福特制,生产过程的复杂性和可分离性质显著加强。到了第三次科技革命之后,信息化的加速推进使得通信等各种交易成本大幅下降,及时交货系统(Just in Time)逐渐兴起,这是一种更加灵活、更能适应市场需求的生产组织方式,甚至连原先不可贸易的服务产品,也随着技术发展而逐渐变得可贸易起来。在这一演进过程中,不可忽略的一点是,技术进步也推动了运输成本的持续下降,它与生产过程的可分离性相结合,共同破除了远距离生产布局的技术障碍。

其次,基于要素禀赋结构差异的比较优势,促进了垂直分离的生产阶段形成跨地区分布。在生产过程可以实现远距离布局的条件下,不同国家和地区的要素禀赋结构差异,自然而然就会成为生产环节跨空间分布的依据。为什么研发、设计等生产环节主要分布在发达国家,而制造、组装等生产环节主要分布在发展中国家?其原因就在于研发、设计等是技术、资本密集型的,发达国家在这些要素禀赋上具有比较优势;与此相对,制造、组装等是劳动密集型的,发展中国家对此有着比较优势。换句话说,发达国家因"会做但做得不是最好"而主动谋求全球价值链分工,发展中国家因"不会全部制作"而只能加入全球价值链分工[1]。即使在同一个国家内部,也会由于要素分布的不均衡而导致基于比较优势的产品内分工。但其中的共同规律是,价值链的高端环节往往分布在经济发展水平相

[1] 江小涓,孟丽君.内循环为主、外循环赋能与更高水平双循环——国际经验与中国实践[J].管理世界,2021,37(01):1-19.

对较高、市场需求规模较大的地区,形成总部经济;而低端环节则比较容易分布在经济发展相对较低、市场需求规模较小的地区,形成工厂经济。

最后,规模经济有效降低了长期平均成本,从而进一步强化了特定阶段的分工结构。当参与分工的国家和地区基于要素禀赋结构的比较优势,专业化于某一特定的生产阶段时,这种专业化分工会通过学习曲线效应进一步促进规模经济的形成。这其实是通过产品内分工,把具有不同最佳规模的工序布局在不同地区的生产单位,从而获得成本节省和利润创造,因为特定产品的不同生产阶段,也可能存在最优规模的差异,这种差异越大,就越有可能促进产品内分工[1]。实际上,规模经济是由市场总体规模所决定的,如果市场总体规模越大,从而允许存在大量企业,这些企业很可能会集中分布在某个特定空间形成产业集聚效应,从而生产的规模经济水平也就越高。从这一理论逻辑来看,以大国内需市场为基础构建内需主导型 GVC 进而加快形成新发展格局显然是行得通的。

二、双循环新发展格局的历史逻辑

改革开放以来,我国充分挖掘国内的廉价劳动力等禀赋,利用西方国家的市场,实施了以出口导向为特征的客场经济全球化策略。这种策略的基本过程是,技术、设备以及重要原材料都是从国外进口的,在国内进行加工组装成产品后再销往国外。也就是说,在过去 40 多年里,我国经济是深度嵌入 GVC 分工的开放发展模式。

---

[1] 卢锋.产品内分工[J].经济学(季刊),2004(4):55-82.

其中的嵌入路径主要包括两种:一种是企业单体嵌入 GVC,另一种是集群抱团嵌入 GVC。在改革开放之初,我国企业嵌入 GVC 的形式大多属于第一种,其特点是本土企业通过对跨国公司发包订单的竞争而直接嵌入 GVC;而在我国加入世界贸易组织之后,伴随着地方高新区和产业园的流行,本土企业往往先在这些高新区和产业园内扎堆集群,进而再抱团嵌入 GVC[1]。相对于单体嵌入,这种集群抱团嵌入可以增加本土企业面对国际大买家时的讨价还价能力,而且也能够实现从代工生产(OEM)到贴牌生产(ODM)再到自主品牌(OBM)的有限程度的产业升级。在这种以 GVC 分工为基础的客场经济全球化中,我国经济中的进出口规模增长是跨越数量级的。不难看出,这一时期我国经济发展实际上也是一种双循环格局,但是以国际经济循环为主。

2008 年国际金融危机发生之后,世界经济格局经历了深刻的调整过程。从国外来看,全球主要发达国家的经济复苏和增长持续乏力,能为中国巨大产能提高市场需求的能力大幅缩减,这正是我国出现产能严重过剩的重要原因之一。而且,全球化的逆流开始登上历史舞台,如英国脱欧等都是标志性事件,这也进一步冲击了原有的 GVC 分工体系。从国内来看,长期的出口导向型发展模式在促进我国经济总量飞速增长的同时,也带来了不容忽视的结构性问题。比如,我国本土的生产性服务业与国际代工生产体系存在较为明显的分离现象,制造业的繁荣所带来的是大量服务贸易进口,反而挤压了本土服务企业的生存空间[2]。而且,我国劳动力及其他要素

　[1]　刘志彪,吴福象."一带一路"倡议下全球价值链的双重嵌入[J].中国社会科学,2018(08):17-32.
　[2]　凌永辉,刘志彪.中国服务业发展的轨迹、逻辑与战略转变——改革开放40年来的经验分析[J].经济学家,2018(7):45-54.

的偏低价格正在补涨,使一些标准化的、同质性较强的中间品,很容易被成本更低的国外中间品供应商替代,反映出我国参与 GVC 分工的传统比较优势正在逐渐消失。在这种内外部条件下,以出口导向为特征的客场经济全球化显然是难以为继的,我国经济进入新常态以来的增长越来越呈现出国内市场驱动的特点。因此,随着超大规模内需市场的不断开发,我国经济循环必然要从以国际经济循环为主转到以国内大循环为主,这是符合我国经济发展规律的自然演进。

三、双循环新发展格局的现实逻辑

当前我国已经进入新发展阶段,国内市场需求的增长、产业供给体系的升级以及社会主义市场经济的制度优势,为加快构建以国内大循环为主体、国内国际双循环相互促进的新发展格局提供了强大动能。

一是从国内市场需求的增长来看,2019 年我国人均 GDP 首次站上 1 万美元的新台阶,尽管面对突如其来的新冠肺炎疫情冲击,2020 年全年 GDP 总量仍超过 100 万亿元,这意味着我国巨大规模的总需求可以为构建新发展格局提供来自基本面的支撑。而且,我国是拥有 14 亿多人口的大国,中等收入人群超过 4 亿,再加上居民消费与技术变革相结合,使得我国成为全球最大也是最有潜力的消费市场。这些因素在未来将进一步发挥对我国经济发展的基础作用。

二是从产业供给体系的升级来看,尽管我国许多产业发展仍处在 GVC 的中低端环节,但是,的确也有一些产业实现了技术突破和升级。譬如,中国高铁利用"干中学""用中学"和"试验中学",促进了技术能力的积累,先后经过形成集成能力、整合国外供应链、构筑独立产业体系的三个发展阶段,最终实现了技术赶超和升级[1]。事实上,我国是全世界唯一有着联合国产业分类中所列全部工业门类的国家,具有完备齐全的工业生产体系。这些产业供给端的优势,无疑为我国在新发展阶段构建双循环新发展格局奠定了坚实的产业基础。

三是从社会主义市场经济的制度优势来看,我国可以推动有效市场和有为政府更好结合,充分调动各方面的积极性,通过供给侧结构性改革和需求侧管理的紧密结合,实现需求牵引供给、供给创造需求的更高水平动态平衡。而且,社会主义市场经济的制度优势还体现在,可以利用新型举国体制发挥社会主义制度能够集中力量办大事的优越性,举全国的人力、物力、财力进行攻坚克难。比如,微观上可以在"卡脖子"的关键领域适当集中资源和要素进行攻关,宏观上可以集中力量建设营商环境持续优化的全球性城市,以虹吸全球高级生产要素为我国发展创新驱动型经济服务。

第二节 长三角一体化在新发展格局中的
新定位与新作用

长三角区域一体化发展不仅是一个区域性的经济发展问题,而且是事关中国经济全局的战略抉择。2020 年 8 月 20 日,习近平总

---

[1] 贺俊,吕铁,黄阳华,江鸿.技术赶超的激励结构与能力积累:中国高铁经验及其政策启示[J].管理世界,2018,34(10):191—207.

书记在合肥主持召开扎实推进长三角一体化发展座谈会并发表重要讲话时强调:"面对严峻复杂的形势,要更好推动长三角一体化发展,必须深刻认识长三角区域在国家经济社会发展中的地位和作用。第一,率先形成新发展格局。第二,勇当我国科技和产业创新的开路先锋。第三,加快打造改革开放新高地。"习近平总书记的讲话,为"十四五"及未来更长时期推动长三角一体化发展描绘了蓝图。

一、率先形成新发展格局

中国过去以瞄准国外市场实行出口导向的经济全球化战略,在改革开放40多年中取得了巨大成功。这一战略有一个非常重要的特点,就是它利用的是西方国家的市场、技术、设备,甚至原材料等也从国外取得,产成品再销售到国外市场。也可以简单地说,这一全球化战略的实施,是在客场进行的。这种客场经济全球化为什么能取得巨大成功?内在原因还是我国在生产要素方面存在着巨大的比较优势,嵌入全球价值链后进行全球竞争,拥有其他国家难以比拟的巨大竞争优势。特别是在发达国家跨国公司的主导下,生产环节按照比较优势理论进行全球布局,形成了从研发设计、原材料供应、零配件生产、深度组装最终品到市场销售的纵向价值链分工。这种价值链分工模式为改革开放后的中国经济参与国际经济大循环提供了有利契机,并且将廉价劳动力禀赋等比较优势转化为出口竞争优势[1],最终在出口的拉动下实现了经济高速增长。在这一

---

[1] 刘志彪,张杰.我国本土制造业企业出口决定因素的实证分析[J].经济研究,2009(8):99-112,159.

过程中,长三角地区是客场经济全球化的重要引擎。而且,也正是通过深度参与客场经济全球化、嵌入全球价值链,长三角地区的经济发展水平、制造生产体系等取得了飞速进步。因此,在过去 40 多年以国际循环为主的旧格局中,长三角地区也是最大受益者之一。

随着近年来国内国外经济环境发生深刻变化,从客场经济全球化转为主场经济全球化,既紧迫必要,也切实可行。首先,从国外经济环境变化看,由于国际金融危机使西方发达国家提供市场的能力日益衰退,现有逆全球化趋势已经无法容忍中国这种超级产能的提供者,而且这些发达国家对于经济服务化和金融化的一些基本立场也正在转变,希望通过制造业回归复兴、制造业出口倍增计划等"再工业化"手段,谋求全球价值链"高端回流"。其次,从国内经济环境变化看,作为中国过去主要的比较优势,劳动力及其他要素的偏低价格正在补涨,这使一些标准化的、同质性较强的中间品很容易被成本更低的国外供应商提供的中间品所替代,导致全球价值链"中低端分流"。在这种双重压力下,中国"基于本国低端生产要素充分利用别国市场"的经济全球化战略难以为继,必须转到"利用本国的市场用足国外的高级生产要素"的主场经济全球化战略。

从上述角度来看,长三角地区在过去的双循环中,一直是进行国际经济循环的排头兵和主力军,在长期的开放型经济实践中积累了巨大的经济实力和丰富的管理经验,完全有必要也可能在继续保持充分开放态势的前提下,把这些经验和能力运用于国内经济循环,如用于开拓长江中上游的国内价值链建设等。由于地理位置处于中国与世界进行信息和能量交换的中枢地带,以上海为中心的长三角地区可以依托国内强大市场、本身科技实力和所具有的城市化水平高的优势,大力虹吸全球先进生产要素尤其是人才要素,建设具有世界影响力的科技创新集聚区,发展创新经济。同时,也可以国内强大市场为支撑,鼓励本地区企业走出去,既可以利用国外人才技术等资源为我服务,也可以据此进行生产能力合作,建设以我为主的全球价值链。因此,有着人才富集、科技水平高、制造业发达、产业供应链相对完备和市场潜力大等诸多优势,长三角地区应将这些优势充分发挥出来,积极探索形成新发展格局的路径,为国内其他区域做标兵和示范。

二、勇当我国科技和产业创新的开路先锋

过去的经济全球化为什么没有在自己的主场进行?其中一个非常关键的原因,就是我国的科技和产业创新能力不强,只能长期为别人进行国际代工,以赚取 GVC 上生产组装环节的微薄利润。当前,新一轮科技革命和产业变革加速演变,更加凸显了提高我国科技创新能力的紧迫性。长三角地区作为我国科技和产业创新能力最发达的区域之一,兼备科教资源丰富和产业基础雄厚双重优势;在以主场经济全球化为特征的双循环新发展格局下,不仅要提供优质产品,更要提供高水平科技供给,支撑全国高质量发展。这就意味着,长三角三省一市要集中发挥各自的比较优势,积极主动作为,通过产业链"链长制"驱动产学研协同创新,重点培养高级应用型人才,致力于产业领域的技术研究和产业转化工作,培育壮大产业链"链主",提升产业控制能力。

举例来说,积极打造沪宁合产业创新带,就是勇当我国科技和产业创新的开路先锋的具体表现之一。2020 年 6 月召开长三角地区主要领导座谈会期间,由江苏省提出的"加快沿沪宁合产业创新

带(G42)发展,打造'产业+创新'发展示范带"得到了参会各方的肯定。沪宁合产业创新带旨在有效串联起上海和合肥两个综合性国家科学中心,充分发挥该区域的科创优势、产业优势和开放优势等,在技术研发的基础上进一步形成生产能力,致力于新技术、新业态的产业转化,形成与G60科创走廊的互补和互动,进而在长三角一体化高质量发展进程中,不断培育和发展出新的经济增长点。

具体而言,一是要大力推进政产学研协同创新,将知识创造贯通到应用渠道。政产学研协同创新关键在于推动政府、企业、高校、科研院所等多方主体,积极顺应科技创新与产业互动融合的现实需求,通过产业化导向贯通知识创造到知识应用的渠道。

二是要培育壮大产业链"链主",实现产业核心技术和关键技术集成创新与突破。所谓"链主",必须在生产成本、资源掌控、技术或专利特权、营销网络控制等某个方面具有其他企业无可替代的核心竞争优势,在整个产业链中处于支配地位,在行业技术标准制定等方面拥有非常大的话语权,能够对产业链中的其他参与主体产生影响。

三是要推进产业链招商,加快形成若干产业链集群。针对未来产业链出现纵向分工缩短和横向分工区域化集聚的可能,长三角地区可以结合自身产业优势,在沪宁合产业创新带中重点打造一条或若干条空间高度集聚、上下游联系紧密、供应链集约高效、规模庞大的产业链集群。

四是要提升原始创新能力,挖掘扶持"隐形冠军"。所谓"隐形冠军",是指那些在细分市场占据绝对领先地位却不被公众所知晓的中小企业,具有技术或知识含量高、价值增值或附加值大的特点,在产业链中处于关键环节或者叫"七寸"环节。

五是要着力加强新型基础设施建设,以技术带动突破行政壁垒。加快 5G 商用步伐,加大人工智能、工业互联网、物联网等新型基础设施建设投资,既可以更大幅度地提高资本相对劳动的边际产出,促进制造业升级和服务业发展,进而实现高质量发展,更为重要的是,可以作为打破地区市场分割壁垒的物质基础。加快新型基础设施建设有助于形成大平台、大网络、大数据,加速信息等要素资源的跨区域流动,加快不同地区间的市场一体化进程,实现以技术带动突破行政区划下存在的制度壁垒、多头管理和利益冲突的局面,进而推动沪宁合产业创新带中产业链的分工与合作。

三、加快打造改革开放新高地

有些人认为,形成新发展格局的要求是被迫与西方发达国家进行"脱钩",从而选择进口替代的老路。这种看法是有偏颇的:其一,新发展格局并不是被其他国家"逼"出来的,而是根据我国自身发展阶段的变化所做出的主动的战略调整和抉择;其二,新发展格局强调以国内大循环为主体,并不等同于封闭循环,而是更高水平开放基础上的双循环。

形成新发展格局的改革开放新含义关键在于,在新的发展阶段,我们要利用内需更好地联通国内市场和国际市场,通过增加对产业部门高级生产要素的投入,增加知识资本、人力资本、技术资本密集的高级生产者服务的投入,把全球价值链转化为具有促进产业升级功能的全球创新链,从而增强我国产业链供应链的高水平自立自强和安全可靠。简单来说,双循环新发展格局是要在主场实施基于内需的经济全球化战略,是要利用内需对全球开放中国市场,让中国市场成为全球开放市场,让中国市场成为推动包含中国经济在内的全球经济增长的动力。因此,从这个意义上来说,形成新发展格局就是新一轮的改革开放。

实际上,世界市场或全球市场不是一个地理学概念,不是用区域来划分的,而是一个开放与否的概念:如果一个市场只对本国开放,就是国内市场;如果对全球各国开放,就是全球市场。长三角地区长期处在中国改革开放的前沿阵地,区域市场发育程度、对外开放水平在全国来说都是领先的,完全有能力也有条件发展成为世界市场。这样,当长三角地区的区域统一市场成为全球市场之后,一是内需就成为实现全球化战略转型的工具、资源和手段。二是中国新一轮的全球化将在自己国家的主场进行,内需市场开放是更大的对外开放。三是可以利用内需来促外需,即一方面用内需虹吸全球先进生产要素为我所用,发展创新经济和进行产业升级;另一方面依托庞大的内需,实现规模经济和差异化的优势,鼓励中国企业走出去、走上去和走进去。

正如习近平总书记所说:"经济全球化遭遇倒流逆风,越是这样我们越是要高举构建人类命运共同体旗帜,坚定不移维护和引领经济全球化。长三角区域一直是改革开放前沿。要对标国际一流标准改善营商环境,以开放、服务、创新、高效的发展环境吸引海内外人才和企业安家落户,推动贸易和投资便利化,努力成为联通国际市场和国内市场的重要桥梁。"

第三节　新发展格局下长三角一体化发展新路径

构建双循环新发展格局,不仅是我国经济客观发展规律的历史必然,而且是形成未来参与国际合作和竞争新优势的内在要求。对于长三角一体化发展而言,其关键路径在于促进区域市场从国内到国际真正地畅通循环起来。

一、基于内需市场构建国内价值链,形成国内大循环

随着我国超大规模内需潜力的不断释放,中国市场就会成为世界市场中的重要"磁极",吸引全世界范围内的创新人才和资源。特别是在高标准市场体系建设过程中,不断推进质量变革、效率变革、动力变革,实现市场准入畅通、市场开放有序、市场竞争充分、市场秩序规范,从而更能发挥我国国内市场对全球高级生产要素的"磁场效应"。为此,我国的本土企业可以利用这种国内市场的有利因素发展为"链主"企业或"隐形冠军"企业,进而构建独立自主的国内价值链。从概念来讲,国内价值链是基于国内市场的有效需求发育而成的,由本土企业掌握价值链的核心环节,且在国内市场获得自主研发的创新能力以及品牌和销售终端渠道的高附加值竞争力的产业分工体系。在国内价值链体系下,本土企业将更多地参与从产品研发、原材料供应、零配件生产、深度组装最终品到市场销售的全产业链过程,有助于清除国民经济生产、分配、流通、消费各领域的痛点和堵点,从而促进国内大循环加快形成。

需要强调的是,对国内大循环的形成而言,对内开放的重要性将尤其凸显。众所周知,形成国内大循环的一个重要前提是形成国内统一市场。然而,受我国过去长期实行计划经济的影响,国内市场中的行政壁垒、地区分割现象仍十分普遍,成为国内统一市场形成的主要障碍。比如,地方政府针对民营企业所设置的"卷帘门"

"玻璃门""弹簧门"等,以及针对国民个人选择的户籍限制等,都是对内开放不足的典型表现。如果没有进一步的对内开放,那么民营企业、社会组织、居民个人等微观市场主体的活力就不可能真正得到激发,而国内区域之间也难以在市场竞争基础上进行合理的产业协同发展。

不过,也应当承认的是,作为处于发展中的大国经济体,中国各地情况复杂、区域发展差异较大,建设全国统一市场、实现要素市场化配置的任务难以一蹴而就。因此,推进全国统一市场建设、实现要素市场化配置,应从长三角这类文化相通、地域相近、经济发达的区域出发。具体来说就是,通过突破地方政府的行政垄断与企业的市场垄断这两大障碍,打破地区间市场分割,从而分区域、分步骤、分阶段实现区域市场一体化发展,并在此基础上进一步实现各经济区之间相互开放,最终实现对内对外双循环的新发展格局。从短期来看,首个突破口便是清理包括税收优惠在内的一系列优惠政策,消除政策歧视,提倡公平竞争。第二个突破口是在一体化发展国家战略下,从过去强调经济竞争走向竞争基础上的合作和协同。从中长期来看,突破口在于在转向高质量经济的背景下,淡化地方政府的增长目标,强化人民美好幸福目标,使地方政府以经济发展职能为主的配置结构,转化为区域性公共产品生产和福利提供者。

二、实现国内价值链与全球价值链深度对接,以国内大循环带动国际循环

在内需主导下构建双循环新发展格局,不是要关起门来封闭运行,而是要利用内需更好地联通国内和国际两个市场。从价值链理论来看,就是国内价值链与 GVC 之间实现深度对接。目前,我国的

国内价值链与 GVC 之间在总体上呈现负相关关系[1]，而且内陆与沿海地区、沿海地区与美日发达国家的增加值供求关系最为紧密[2]，这表明国内循环与国际循环尚未形成相互促进的关系。这当中的关键原因在于，国内循环与国际循环之间既存在替代效应，也存在互补效应。也就是说，如果本国的生产要素、产品和服务供给具有较大规模，那么当其参与国际循环时，国外生产要素、产品和服务大量进入本国市场，就会形成一定程度的替代效应。例如，20世纪七八十年代日本丰田汽车进入美国市场，导致美国本土品牌汽车销量大幅下降，这就是典型的替代效应。而如果本国缺乏某些生产要素、产品和服务时，从国外进口这些生产要素、产品和服务，就会产生显著的互补效应。例如，我国从发达国家进口高端装备，弥补了国内制造生产的不足，而我国的廉价劳动要素恰是发达国家所需要的，这种互补性有力促进了我国过去的国际经济循环。

但是，要素禀赋差异并不是国内循环与国际循环之间替代效应或互补效应的唯一决定因素，正如前文对双循环新发展格局理论逻辑分析所指出的，规模经济也是不可忽略的重要因素。因为当一国的某种生产要素即便是相对富裕的，但如果该生产要素存在规模经济，那么该国仍会从国外进口这种生产要素，从而国内循环与国际循环之间的互补效应仍然是主要的。这也是为什么当前国际竞争格局中的发达国家仍在世界范围内不停地追逐高级创新人才和先进技术的关键原因。实际上，在现代经济增长中，具有规模报酬递增性质的知识生产、分配和消费已然发挥了越来越不可替代的重要

[1] 张少军，刘志彪. 国内价值链是否对接了全球价值链——基于联立方程模型的经验分析[J]. 国际贸易问题，2013(02)：14-27.

[2] 潘文卿，李跟强. 中国区域的国家价值链与全球价值链：区域互动与增值收益[J]. 经济研究，2018(03)：171-186.

作用,甚至有可能成为单独的一个产业部门[1]。特别是对长三角地区而言,成熟发达的市场、较高的经济水平、完善的供应链体系等优势,有利于通过国内市场效应(Home Market Effect)虹吸这种以技术、信息、人才甚至企业家精神等为代表的知识部门在本地区形成集聚,充分发挥区域统一市场的规模报酬递增性质,从而增强国内循环与国际循环之间的互补效应,促进经济创新发展。

三、以国内大循环为主体,形成双循环相互促进的新发展格局

过去40多年,借助国际经济循环,全球的资金、技术、知识、人力资本纷纷流向我国东南沿海的长三角、珠三角等地区,通过技术溢出等正外部性机制,促进了本土产业升级。但不可否认的是,过去那种客场经济全球化下的国际循环,对国内产业升级的促进作用是有限的。调查研究显示,GVC中的产品升级和工艺升级,可以从国际经济循环中的跨国公司那里学习得到,但不一定自动导致功能升级和链条升级[2]。这与过去那种国际经济循环中开放的形式和开放水平不无关系。在当前的新发展阶段构建双循环新发展格局,必须实施更大范围、更宽领域、更深层次的对外开放。

其中,更大范围的对外开放,意味着不仅要继续沿着发达国家主导的GVC向东开放,向其学习先进的生产技术和组织管理经验,

　　[1]　MACHLUP F. The Production and Distribution of Knowledge in the United States [M]. Princeton University Press, 1962.
　　[2]　BAZAN L, NAVAS-ALEMAN L. The Underground Revolution in the Sinos Valley: A Comparison of Upgrading in Global and National Value Chains[A]. SCHMITZ H. Local Enterprises in the Global Economy: Issues of Governance and Upgrading[C]. Cheltenham, UK: Edward Elgar Publishing, 2004.

引进高级生产要素,争取进一步加入全球创新链,而且也要向西开放,特别是沿着长江经济带、沿着"一带一路"构建以我为主的全球价值链,进行产业资本和产能的转移,带动国内产业升级。在新发展格局中,这两种方向的对外开放是相互融合、相互作用的,是一种开放式学习、创新和进步的过程,不能将二者割裂开来。

更宽领域的对外开放,主要是指对外开放的产业领域应进一步拓宽,从过去主要是制造业领域的对外开放,放宽至服务业领域,例如金融、科技、医疗、教育等服务领域,目前对外资的市场进入仍然存在较大限制,显然需要加大开放力度。虽然服务业长期被认为是不可贸易的,但随着网络和数字技术的进步,许多服务尤其是生产性服务的可贸易性大大增加了,这就为服务业对外开放提供了有利条件。服务业和制造业在对外开放中的互动融合发展,尤其是为制造业服务的生产性服务业的发展,将带来制造强国的发展效应。

更深层次的对外开放,要求在一般商品和要素的跨国流动之外,强调主动参与国际经济规则的制定和治理。随着近年来全球价值链呈现出"纵向链条缩短、横向区域集聚、供应来源多元化"的重组趋势,区域性的贸易协定显得愈发重要。在这种全球"区块化"经济中,由于地理距离、文化距离、经济距离和外交距离等具有临近特点,因而更加有利于促进国际投资和贸易。比如,《区域全面经济伙伴关系协定》(RCEP)在 2020 年底正式签署,标志着世界上人口最多、经贸规模最大、最具发展潜力的区域性市场正式形成,意味着我国将在更深层次上参与国际经济合作和治理。这必将大大促进长三角地区加快构建内需主导型全球价值链,从而有利于率先形成新发展格局。

第一篇
长三角率先
形成新发展格局

第一章　长三角一体化发展的市场基础

实施长三角一体化发展战略要紧扣一体化和高质量两个关键词,以一体化的思路和举措打破行政壁垒、提高政策协同,让要素在更大范围内畅通流动,有利于发挥各地区比较优势,实现更合理分工,凝聚更强大合力,促进高质量发展。一体化和高质量两个关键词之间,是有紧密联系的。一体化的反面是非一体化,后者是各自为政、缺乏协调机制的发展。因此,高质量发展必须基于市场一体化和在此基础上的政府政策协同,才能有力地促进长三角各地区发挥比较优势,实现合理的产业分工。

第一节 区域统一市场及其特征

一、统一市场的概念与内涵

从理论上讲,统一市场可以从多角度做出规定:第一,从市场体系规定,统一市场是指完善的市场体系,不仅包括商品市场,也包括各类要素市场。第二,从产品和要素的流动性规定,在统一市场上,市场充分竞争性的特征是指要素自由流动、企业自由流动、产品和服务自由流动。这就是马克思在《资本论》中描述的,资本和劳动力能够更容易和迅速地从一个部门转移到另一个部门,从一个地点转移到另一个地点。第三,从各类市场主体的市场地位规定,统一市场是指各类市场主体平等地进入各类市场并平等地使用生产要素。第四,从市场规则规定,各个地区的市场规则统一,各个地区市场按照统一的规则运作。

从某种程度上讲,统一市场并不要求把全国或者某个区域变成一个市场,而是要求各地区市场主体竞相开放,包括各地市场主体的对内开放和对外开放。各地区市场主体都清除了造成市场壁垒的社会、区域和制度因素,都相互对别人开放了,统一市场的基础和前提自然形成了[1]。因此,统一市场的基本内容是打破行业垄断和地区封锁,促进商品和生产要素在全国市场自由流动,从而在更

---

[1] 刘志彪.建设统一市场是中国经济"开放的第二季"[J].学习与探索,2013(12):1-7.

大程度和范围内发挥市场在资源配置中的基础性作用。

就长三角一体化而言,就是要建成区域统一大市场,它指的是:在长三角三省一市范围内,在充分竞争以及由此形成的社会分工基础上,各地区市场间、各专业市场间形成了相互依存、相互补充、相互开放、相互协调的有机市场体系。长三角要建成区域统一大市场,除了要求政府之间加强合作外,企业应该是其中的主体,具体来说就是,企业要通过产权链即企业总部和生产基地或营销体系跨地区分布和跨地区并购,而且供应链即上下游企业之间按原料、投入品、生产、销售生产链条在更大范围内合作[1]。

二、统一市场的关键特征

在区域统一市场的体系下,商品和要素能够按照价格体系的调节,在各行业、各地区间自由地、无障碍地流通或流动,市场封锁、地方保护等现象基本被消除,从而实现资源在全国范围内顺畅流动和优化配置。这种价格体系既能够调节全国商品和要素的供求关系,反过来这种供求关系也能调节价格体系。

与统一市场相反的状态是"市场分割",它表现为地区间市场各自为政、相对封闭,跨地区的经济往来等则受到阻碍,资源流动不够顺畅通达,经济效率较低。引起市场分割的因素有很多,主要包括自然和人为两个方面。前者如气候、自然资源、地理地貌特征等,后者如政府权力机构的行政垄断和企业运用市场势力的垄断等。从实践来看,在所有可能阻碍统一大市场建立的因素中,只有政府的

---

[1] 洪银兴.论我国转型阶段的统一市场建设——兼论区域经济一体化的路径[J].学术月刊,2004(06):83-91.

超经济强制力量才有可能真正地、长期地、大幅度地扭曲、撕裂、分割和限制市场。在此意义上我们经常说,破除"市场分割"、鼓励一体化发展,就是在建设国内统一大市场,因此构建国内统一大市场,主要应该反垄断行为,尤其是要限制行政垄断行为的行使。

商品和要素在全国范围内流动无障碍,是直接反映国内统一大市场建设要求和水平的基本标准。但是这种直接衡量的方法往往比较复杂,因此经济学家一般用所谓的"一价定律"来简单衡量。它的基本原理是:因为商品和要素可以自由流动,因此地区间通常不可能存在除必要流通成本差异之外的价格差异,反过来可以说,商品或要素在国内各行业、各地区间自由地、无障碍地流通和流动,必将降低地区间的价格差异。因此,同一种商品或要素的地区间价格差异,可以被用来衡量市场的统一或一体化程度:这种地区间价格差异越小,说明市场摩擦(市场垄断、市场封锁、地方保护等现象)越小,市场的统一或一体化程度越高。

综合来看,统一性、开放性、竞争性和有序性是国内统一大市场的几个关键特征。其中,"统一"主要是指各种专门的、独立的专业市场门类"由部分联结成整体"的过程,各种矛盾的、分散的、扭曲的管理规则的同一化过程。建立统一市场其实就是纠正政府对市场所进行的不当干预、发挥市场作为资源配置的决定性作用的过程,就是运用竞争政策纠正市场势力尤其是行政垄断势力的过程。"开放"是指区域内的市场体系不能是封闭的,而应能够符合生产社会化、经济全球化以及全面深化改革的需要。"竞争"主要是指不仅参与市场活动的主体、产品和要素、中介等要件多,单个或某几个市场主体不能任意地、放肆地行使市场势力,不能垄断市场价格和供求,不能依靠政府力量和市场势力长期持续地获取高额垄断利润,而且各级政府在统一的竞争政策下,不搞区域封锁和画地为牢,不搞市场歧视和行政分割。要求市场主体对内对外开放,清理和废除妨碍统一市场和公平竞争的各种规定和做法,使资源和要素可以在全球分工体系和国内市场中自由顺畅地流动。尤其是应该适应开放型经济和新的全球化趋势,主动参与全球价值链分工,争取做全球价值链高端的创新者。"有序"体现为在统一的市场规则下,市场主体拥有健全的市场信用制度、强有力的财产和知识产权保护制度、灵活多样的流通方式和渠道以及良好的市场交易秩序。如要严禁和惩处各类违法实施优惠政策行为,反地方保护、反垄断和不当竞争,褒扬诚信,惩戒失信。

第二节　以市场一体化为核心推进长三角一体化发展

当前,长三角一体化发展的主要特点,是按照先易后难的原则稳步推进,主要在规划一张图、交通一张网、环保一根线等方面,三省一市做出了重大的努力。如在各省规划协调、一体化示范区建设、长江沿线生态环境保护、治理断头路等方面,取得了各界瞩目的突出绩效。未来一体化发展的主要趋势和发展方向,主要是实现市场一体化、民生一张卡、百姓一家亲。尤其是市场一体化,它是长三角一体化发展的微观基础和核心。

一、为什么要以市场一体化为核心推进长三角一体化发展

在经济体制转轨时期,市场一体化是长三角区域一体化高质量

发展的"牛鼻子",是所有问题的基础和关键。因为只有以市场导向的发展为龙头、以市场一体化发展为基础,才有可能在这个过程中充分调动一体化的主体即企业的积极性,才可以据此界定政府与市场的边界、职能和任务,才能驱动长三角地区资源配置体制机制的根本转型,才可以在此基础上实现这个国家战略所承担的宏伟目标和艰巨使命。具体来说,主要有以下四点理由:

第一,长三角区域一体化发展只有以市场一体化为核心,才可以逐步把处于分割状态的"行政区经济"聚合为开放型区域经济,把区域狭小的规模市场演变为区域强大的规模市场。长三角地区的加总经济规模虽然在全国各区域处于首位,而且由区域内人均收入水平决定的购买力也不算小,但是就企业发挥规模经济效应所需要的现实市场规模来说,却不算大。这是因为,长三角与全国其他地区一样,因省际行政关系的分割,该区域市场并不是统一市场,也不是一个可以被企业高质量利用的一体化的市场。不要说长三角三省一市间,即使在一个省的内部,也存在着大量的市场非一体化现象。例如,存在着大量的实际产出远低于设计产能的制造企业、港口码头等。如果市场是一体化的,这些产能严重过剩的企业将被并购,从而生存下来的企业将达到最佳规模,并实现合理的产业分工[1]。但实际情况是各自为战,竞争性项目缺乏市场协调,省际企业收购兼并阻力重重。显然,如果打破市场分割实施区域间相互开放,放手让区域内有效率的企业收购兼并低效率的企业,让企业成为微观一体化的决策主体,就有可能真正形成一体化统一的大市

---

[1] 过去的几十年中,国内产能严重过剩条件下还能生存下来那么多企业,究其原因,主要是一方面我们大量利用了国外的市场进行出口导向,另一方面政府补贴也起到了相当大的作用。

场,实现以市场一体化为核心的区域一体化发展。

第二,长三角区域一体化发展只有以市场一体化为核心,才可以据此转换经济全球化的发展模式和机制。在过去以出口导向为特征的经济全球化中,长三角地区对全球市场的利用是十分积极而且充分的,但是对区域的、国内的市场利用,却是非常不够的,尤其是江浙地区的制造业,借助于全面实施外向型经济发展战略,把大量的过剩产能都销售到了海外市场。在当今逆全球化趋势下,国际市场不可能再像过去那样为长三角的经济发展提供增长动力,未来必须主要利用国内市场,因而培育和形成一个国内强大市场规模的问题显得越来越迫切和重要。只有通过区域市场一体化的手段和工具聚合起强大的区域市场,以及在此基础上逐步形成国内超级市场规模,才有可能构建起基于大国经济强大内需的经济全球化模式,并在超级规模的内需支撑下,通过企业间的竞争形成合理的产业分工和企业规模,才能为实现基本现代化而需要的、持续的经济增长提供动力机制。

第三,长三角区域一体化发展只有以市场一体化为核心,才可以据此虹吸全球先进的创新要素,发展中国的创新经济,实现产业链向中高端攀升,实现高质量发展。长三角过去的比较优势是物美价廉的生产要素,利用其加工制造出口长期获取低附加值收入。由于进行国际代工的产品都是跨国公司事先已经研发和设计好的,代工厂家只需要按图纸生产制造就可以了,因此代工企业并不掌握创新的技术和诀窍。现在长三角低价要素这个优势,随着国内生产成本的提高和国外企业的进入正在逐步衰减。新的比较优势正在崛起,它就是随着区域市场一体化进程加快而日益壮大的国内市场规模。这种强大的区域统一市场或国内强大市场,既有利于促进中国企业取得规模经济效应和国际产业竞争力,又有利于中国企业走出去投资办企业,还有利于中国企业利用自己的巨大需求把研发、设计等知识密集环节向国外企业发包,在这个过程中学习国外企业的知识和技术。总之,可以有利于中国企业广泛吸收东道国的知识资本、技术资本和人力资本,形成新的全球分工或产品内分工格局,使中国企业从 GVC 低端成员,变成全球创新链中的一个有机组成部分。

第四,长三角区域一体化发展只有以市场一体化为核心,才可以使长三角地区突破分割治理的传统模式,进入经济一体化协同治理的新阶段。生产要素市场化配置,即在更广范围内实现自由流动与组合,尤其是劳动力的自由流动与竞争性配置,是市场一体化的核心和重要内容。只有以劳动力为中心的生产要素实现了市场化配置,区域经济一体化才能真正实现,否则任何所谓的一体化都是不完整的,都没有摆脱"分割式治理"的基本特征和属性。而且,所谓的"分割治理",其实主要就是对生产要素市场化配置进行行政限制。在此基础上所展开的区域发展竞争,也主要体现在要素流动不充分条件下的高速度、高投入、低质量的经济发展。基于市场一体化基础上的区域间协同式治理,就是要求各地以区域统一开放市场建设为目标,坚决破除本位主义的思维定式,在统一规划管理、统筹土地管理、制定促进要素自由流动制度、创新财税分享机制、推动基础设施共建共享、统筹协调公共服务、联防共治生态环境等方面,合力探索有利于长三角一体化发展的治理结构和治理机制。

二、推进一体化要注意的问题

长三角区域一体化30多年来的实践说明,在中央政府向地方政府放权让利、塑造出分散竞争主体的转轨经济体制中,中国经济的市场化程度虽然有了巨大的提升,地方保护主义有所缓解,省际市场一体化水平有所提高,但正如许多国内外研究者所观察到的那样,作为转轨经济体制的固有顽疾——"行政区经济"即经济运行中的市场区域分割和市场碎片化竞争的问题仍需重视。推进长三角区域一体化高质量发展要注意以下问题:

第一,过去提倡和鼓励地方政府间的竞争发展,现在实施一体化国家战略要提倡和鼓励地方政府间的合作协调发展。地方政府间的竞争是中国过去经济发展的重要动力,但它也是导致市场行政分割和市场碎片化问题的关键因素。解决"行政区经济"这个问题的关键还在于:一是要改革对地方政府官员的业绩考核评价体系,把实现一体化发展而不仅仅是生产总值、财政收入等作为区域内官员的主要业绩,以此扭转其行为准则和外在压力机制。二是要规定地方政府参与市场活动、干预市场的权力边界。三是可以根据一些具体的一体化发展协议,通过各地政府协商方式,让渡某些公共权力给相应的长三角一体化机构,把竞争转化为合作。

第二,推进市场的一体化,要从区域内具体的项目做起,避免在范围广泛的领域中进行抽象的议论,避免议而不决。长三角地区市场一体化需要协调的领域非常广泛,可以本着先易后难的原则,从破除政府公共项目的合作障碍开始,如消除断头路、区域轻轨建设、港口码头的委托管理或股权一体化,等等,逐步往消除户籍障碍、教育等民生一体化这些难点方面努力。

第三,在推进区域市场一体化中,要注意发挥企业尤其是企业集团的主体作用。一是要鼓励区域内企业的收购兼并活动。微观层面的收购兼并活动,把区域间企业的市场协调方式转化为企业内部的协调方式,会产生强烈的一体化效应,因而是长三角区域市场一体化的最有效的工具。二是要发挥大企业或企业集团在建设产业集群中的一体化作用。产业集群模糊了行政区域的界限,是市场一体化的空间载体。产业集群也可以实现按经济区域"极化—扩散"增长的现代生产力配置方式。三是要依据国内企业之间的产品内分工,构建链接各区域的一体化的价值链。如基于市场公平交易的价值链、半紧密型的价值链,以及紧密型纵向一体化的企业集团,等等。依据这些价值链,可以把长江经济带开发战略与"一带一路"倡议结合起来,在企业抱团走出去的过程中,共同投资"一带一路"国家输出产能。

第三节　长三角基于市场推进一体化发展的实践

既然大力推进市场一体化发展和形成强大的区域统一市场,是长三角率先形成新发展格局的最重要的推进器,也是长三角高质量一体化发展国家战略的首要的任务、使命和目标,那么这些年长三角区域在"高质量""一体化"的实践中,有哪些值得总结和分析的经验和教训呢?显然回答这个问题,不仅有利于长三角区域下一步更加坚决彻底地把国家战略落实落地落细,而且对于寻求可复制、可推广的区域一体化发展经验、促进全国加快形成新发展格局也有重要的现实意义。

自 2019 年 12 月中共中央、国务院印发《长江三角洲区域一体化发展规划纲要》以来,长三角地区贯彻落实落地该规划纲要的主要的、具体的体现,就是在 2021 年度长三角地区主要领导座谈会上审议发布的《长三角地区一体化发展三年行动计划（2021—2023年)》。本节采用比较抽象的方法进行分析和总结。

1. 大体上,长三角区域在实施上述国家发展规划纲要时,把制度创新和实施行动的目标,总结为8句话、40个字,即"战略一盘棋、规划一张图、交通一张网、环保一根线、市场一体化、治理一个章、民生一卡通、居民一家亲"。这既统一了各地推进国家战略的思想,也形象地描绘了长三角高质量一体化发展的目标和愿景,给出了发展状态的理想模样。其中,"战略一盘棋",指的是要从长三角代表国家参与新一轮全球竞争的全局出发,不折不扣地贯彻执行国家关于高质量一体化发展规划纲要的精神;"规划一张图",指的是要打破行政利益边界,把各地分散制定的寻求本地利益最大化的发展规划,进行统筹,整合为国家整体目标导向下的发展规划;"交通一张图",指的是包括海陆空轨道交通等在内的交通基础设施,要实现无缝对接,断绝各管一段、互不链接的现象;"环保一根线",指要对长三角各地区实施统一标准的生态环保要求,并进行统一执法;"市场一体化",是指要破除市场分割和行政藩篱现象,让竞争性价格机制主导资源配置;"治理一个章",是指在社会治理方面对区域内公共资源进行统一协调配置;"民生一卡通",是指对交通、医疗、养老服务等方面的百姓生活,实行一卡通管理;"居民一家亲",则是指三省一市民间互动交流频繁,没有来自各种社会、行政、经济、文化等方面的障碍。

2. 根据高质量一体化战略实施中所涉及的直接对象,对上述8句话、40个字的一体化发展的愿景,分为三类来分别实施。其中,第一类是涉及政府基本的公共职能的愿景,主要指"战略一盘棋、规划一张图、交通一张网、环保一根线、治理一个章";第二类是涉及营利性企业的活动,主要指"市场一体化";第三类是涉及居民利益的活动,如"民生一卡通、居民一家亲"。在推进一体化发展中,这一分类具有十分重要的操作意义和实践价值。第一类一体化行动,因为涉及公共利益,而且基础设施具有不可分割性特征,因此在讲政治纪律的政府机构之间开展合作,是完全可行的,也是比较容易实现的。这种合作经常要求地方政府能够让渡一部分行政权力,把协调权力交给某个按照协议成立并运作的机构去执行(如长三角一体化示范区)。第二类一体化行动,涉及政府与市场的边界界定和职能的划分,需要政府层面实施统一的竞争政策,而企业方面只需要在统一的竞争法下,进行自我协调和效率竞争。这类行动需要确立规则主导下企业的主体地位。第三类一体化行动,直接关系到居民的利益。如果可以让绝大多数居民享受直接的利益,则立即可以推进,但是如果损害一部分人的利益,也容易引发很大的社会矛盾,如放开大和特大城市户籍管理、实施教育一体化等,需要十分小心。长三角一体化发展中涉及竞争性企业的其他重要事务,如技术创新合作化、产业发展集群化等内容,各地政府并没有把其列入一体化发展的愿景。究其原因,可能是因为这些一体化目标大多属于竞争性领域,是市场主体间的自我协调和自我选择,很难成为地方政府推进一体化的操作目标。

3. 按照先易后难的原则,选择推进一体化的操作次序。操作次序上如果把一些敏感的、难度大的问题首先挑出来实施,容易出现阻力,陷入议而不决状态并遭遇失败。长三角一体化的区际合作,首先从公共领域开始,本着共建共享、成本分担的原则,消灭"断头路"等实现了基础设施的互联互通,进行了"联合河长制"等环保领域合作创新,以及在 41 个城市实现 58 项政务服务事项跨省市"一网通办",等等。其次是推进竞争性产业部门的一体化。这并不是要求由政府来详细地规划和布局产业,而是要制定竞争性市场的负面清单、减少政府管制,以充分竞争实现市场协同。第三,是推进科技创新的一体化。沪宁合科技产业创新带、G60 城市带的提出和运作,充分地利用了江浙皖的科教资源、人力资本和产业基础,更有利于加速实现国家赋予上海要建设有世界影响力的科技创新中心这一目标。但是也应该清醒地看到,科技创新合作是外部性很大的事情,制度设计不容易回避出现搭便车的情况,长三角一体化中由政府出面干预研发合作的实际效果,还有待进一步评估。第四,是民生领域推进一体化的问题。这实质上是均等地区间、城乡间在公共福利上的差距。当民生一体化稀释了大城市本地居民的利益时,可能会遭到本地居民的强烈抵制和反对。因此一体化战略在现阶段,不能从均贫富的理念和要求出发陷入盲动,不可能在发展差距很大的地区间搞民生的"一样化",更不可以是"一起化"。地区间民生发展水平差距的平抑,最终要通过生产率差距的缩小和分配调节逐步来实现,是一个很长的历史进程。

4. 以长三角区域一体化发展示范区建设为样板,启动三省一市高质量一体化发展的战略议程。长三角一体化在起点阶段,就选择由浙江省嘉兴市嘉善县、上海市青浦区、江苏省苏州市吴江区三个地区共同组成了长三角区域一体化发展示范区。示范区总规划面积大约 2200 平方千米。一体化示范区构建了"机构法定、业界共治、市场运作"的新型跨域治理模式,以共建共享政策和机制联动为保障,以项目合作为抓手,加快建设基础设施和创新载体。如在规划一张图方面,针对各地出台的规划标准不统一、空间不协调的普遍性问题,提出了规划建设的指导准则,统一了规划标准和品质。

在环保一根线方面,针对跨省域环评办法各异的矛盾,建立统一标准和统一监测机制,组建跨省生态环境保护综合行政执法队。在市场一体化方面,为了畅通生产要素在更大范围内的自由流动,率先开展了长三角科技创新券通用通兑试点。出台示范区建设用地机动指标统筹使用操作办法,探索建立土地周转指标机制,解决指标跨区域统筹等问题,率先实现跨省土地资源统筹使用管控。尤其在解决制约区域合作的财税激励机制方面,出台了示范区"增量起步、资本纽带、要素分享、动态调整"的跨域财税分享实施方案,在水乡客厅开发建设、跨区域协同招商、跨区域企业迁移等方面明确了财税分享路径。[1] 应该指出的是,长三角区域一体化发展示范区由原来的区际分散竞争全面转向区域竞合,除了有上级部门的强有力协调外,主要是实现了各地行政权的适当让渡,由此保证了新组建的示范区运作机构能够按照合作共赢的原则进行决策和运作管理。

5. 建设强有力的推进一体化发展的领导、组织、执行体系,首先推进省内全域一体化。2008 年,长三角一体化就建立了具有合作决策层、协调层和执行层的"三级运作"机制。2019 年正式上升为国家战略之后,国家又在此基础上建立了长三角一体化发展领导小组,形成了"上下联动、三级运作、统分结合、各负其责"的领导、组织、执行体系。这一体制机制在实现长三角重大基础设施衔接、疫情防控、复工复产、产业链稳定等方面发挥了重要作用。值得肯定的是,当前三省一市政府都在各自的行政区管辖范围内,全力推进以建设现代化为主要目标的全域一体化,在此基础上通过竞相开放,逐步向长三角区域一体化迈进。其实,在当前的转轨经济阶段,每个省

---

　　[1] 毛丽君.长三角一体化示范区交出两周年"成绩单"[N].江苏经济报,2021-10-22(A01).

一级的内部,也是呈现出"行政区经济"的基本格局,长三角一体化发展,首先要解决省内各行政区的合作和一体化发展问题。相对来说,省内推进一体化发展的领导、组织、执行体系相对比较完善,推进合作的手段和办法也要多一些,但是这并不意味着省内区域间的长期合作来得更加容易。

第二章　长三角一体化发展的动力机制

　　长三角地区从 1982 年率先建立上海经济区,到 1992 年自发形成长三角 15 市协作办主任联席会议并于 1997 年升级为市长峰会,再到 2005 年建立长三角地区主要领导的定期会晤机制,长三角地区一直在现行的体制机制下不断地摸索和展开着协作、协调、协同发展路径。2018 年 4 月,习近平总书记作出重要批示,要求上海进一步发挥龙头带动作用,苏浙皖各扬所长,使长三角地区实现更高质量的一体化发展。至此,长三角一体化发展已经成为各界共识,也将成为我国探索区域一体化发展的标杆与典范。本章重点研究长三角一体化国家战略的更高质量发展的动力机制,给出新发展格局下实现长三角一体化更高质量发展的若干政策建议。

第一节　长三角一体化发展的
"双强"动力机制及主要障碍

一、政府和市场"双强"的一体化动力机制

众所周知,在转轨经济中影响区域发展的因素有两类:一类是那些自然和技术的因素,如地形地貌、交通运输、基础设施等;另一类是制度、体制、机制、政策等人为障碍因素。在这两类因素中,前一类因素影响和决定区域一体化发展的成本和效率,只要存在空间区位和技术水平差异,就会有不同发展成本,从而有不同的发展水平差异;后一类是泛指体制机制的摩擦成本,也是我们在推进区域一体化发展中真正需要花大力气消除的因素。因为,只有制度和政策的差异,才可以系统地、大幅度地影响要素和资源的合理配置,从而形成人为的发展差异。

也就是说,区域是不是一体化发展,主要看各个区域是不是充分开放的,是不是存在各种人为的制度和政策障碍;而自然条件和技术因素,不是区域一体化发展的充分必要条件,它只影响一体化发展的效率,从而影响经济发展水平高低。当然,这两类因素之间也是相互影响的。如交通运输和基础设施的改善,是区域一体化发展的基础,有利于制度分割状态的改进和迅速推进市场一体化;制度障碍的消除和分割状态的改进,反过来又利于推进基础设施跨区

域合作,有利于技术在更大的市场范围内规模化、集约化地有效利用。

经济体制机制问题的核心是正确处理政府与市场的关系。因此,更高质量地推进长三角一体化,构建各个地区投身一体化建设的动力机制,就是要协调好政府与市场的关系,充分发挥政府和市场次序有别的"双强"作用。发挥政府强力推动作用的目的,是营造让市场发挥决定性作用的环境。因此,要在竞争和协商中处理好各自的利益诉求,设计出牵引一体化的强力引擎。

二、长三角构建"双强"动力机制的主要障碍

当前,长三角一体化发展上升为国家战略之后,三省一市的合作发展进入了崭新阶段。早期各地在互联互通、生态保护、产业创新、市场改革、公共服务等方面取得重要收获的基础上,如何向一体化更高质量的方向推进,使在决策层形成共识的基础上,同时在执行层面上设计出各方利益共享的机制,这是国家战略得以顺利实施的关键问题,因为只有参与方都能尝到一体化的甜头,才是真正可执行、可持续的一体化。

长三角地区过去的非一体化的表现形式,无论表现为交通运输、基础设施等互联互通的不通畅,还是体制、机制原因形成的市场障碍,直接原因在于"一亩三分地"的地方保护主义。不论是过去还是当前,地方政府出于各自短期利益的"各自为政"都是正常现象,关键是通过制度设计形成各地竞相开放的动力机制。构建这一动力机制的障碍,可能存在于以下方面:

（一）扩散效应与虹吸效应

一个地区是否愿意选择一体化战略,往往会考虑本地与周边地区的"扩散效应"和"虹吸效应"哪个更大。如果周边会更多虹吸本地要素,或者本地要素更多会扩散到周边地区,将会表现为区域之间竞争大于合作。现在有种观点认为,上海目前仍处在增长极的初期,对周边地区的"极化效应"大于"扩散效应",导致区域经济发展非一体化,表现为竞争大于合作。我们暂且不去评估现在上海是不是对周边地区的"极化效应"大于"扩散效应",抑或相反,我们只想指出,用"极化效应"或"扩散效应"判断经济是不是处于一体化发展状态是不合适的。实际上,"极化效应"或"扩散效应"都是经济一体化过程中资源和要素流动的方向而已,都是十分正常的"人往高处走、水往低处流"的市场现象,它们本身就是区域竞争与合作状态的表现,是经济一体化的具体表现形式。

过去搞外向型经济,上海与周边江浙地区都把吸引跨国公司制造业作为重要的战略,大家都要吸引加工贸易型的 FDI,这种情况下,上海通过与周边地区互联互通降低整个区域制造业交易成本的动力就减弱了。当前,上海紧抓"四个中心"核心功能,致力于打造体现国际高端水平的新功能,上海这种与周边错位发展的战略就为一体化提供了基础[1]。这是因为,上海能够通过对资源和要素的"极化效应"和"扩散效应"来发挥向外链接全球网络、对内辐射区域腹地的世界区域门户城市的作用。当然,实现这个过程的摩擦程度、社会成本的大小,反映了经济非一体化的程度。

---

[1] 权衡.长三角一体化高质量发展:发挥上海的龙头带动作用[J].上海城市管理,2018,27(04):2-3.

（二）产业协调与产业同构

当今世界高新技术产业的发展，主要集中在信息产业、生物医药、装备仪器、新能源、新材料产业等方面，一个国家和地区的实体经济发展，也主要依赖于这类产业。根据 2019 年中共中央、国务院印发的《长江三角洲区域一体化发展规划纲要》，长三角 27 个城市在培育一批具有国际竞争力的龙头企业方面，主要聚焦十大重点领域（集成电路、新型显示、物联网、大数据、人工智能、新能源汽车、生命健康、大飞机、智能制造、前沿新材料）进行布局。这将不可避免地导致各地区就这些产业领域进行竞争，采取各类优惠政策支持这些产业本地化发展。这一点已经为金融危机以来 10 余年各地发展实践所证明。地方集中资源发展少数热门产业带动区域转型升级，在某种意义上已经成为一种模式定式，要求各个地区有动力通过产业政策协调放弃以政策洼地进行产业竞争，存在相当的难度。

但是，一体化发展程度再高的区域，其产业结构也会有竞争趋同的现象。因为产业结构的趋同是由于企业投资者根据不完全、不充分的信息进行决策，是企业投资行为缺少理性的结果，因此它与有限理性和不完全信息有关，而与市场一体化水平无关。只要是市场经济，就一定会有重复投资和重复布局，就会有产业结构的趋同，而不管这个市场是不是实现了一体化发展。重复和趋同并不可怕，可怕的是市场不存在自动结清机制。如果这样，就要以周期性的经济危机和生产力的强制毁坏为代价。一般来说，只要存在兼并收购机制，能够突破政府制造的、人为的市场壁垒，就能自动消除产能重复和过剩。

(三)市场保护与本地发展

政府扶持本地企业发展的一个重要手段,是对本地市场进入限制以及在政府采购方面进行倾斜,比如规定出租车市场只能使用本地生产的汽车、限制外地啤酒产品进入本地市场等,有的还以特种行业为由限制外地企业进入。利用本地市场保护扶持少数企业发展,虽然可能搬起石头砸自己的脚,但仍有地区相信市场保护内能够快速见效,这种短视的地方政府可能没有动力加入统一大市场,甚至还会落入"过度追求行政区合并"的陷阱。过去有一种观点是:"建议中央考虑扩大上海行政版图,将邻近的江苏昆山、浙江嵊泗等市县纳入上海行政区划,实现长江三角洲龙头扩容。"这种方案虽然可以解决上海的发展空间、上海及周边产业群的整合与升级等问题,而且从历史到现实,这些地区经济上与上海的联系本来就非常紧密,打破行政区划可以使上海得到更多的制度改进方面的边际收益。但这其实也有一定难度。

要根本上解决行政体制所造成的发展问题,不能仅从行政体制的调整来考虑,而要从建立统一市场的角度来考虑,否则只能像以前计划经济年代那样,落入行政关系调整的怪圈。我国以前"条条、块块"关系的调整,都是在市场不发育的情况下,对集权分权状态的政府内部的纵向调整,由于没有充分发育的市场机制支撑,每次调整都没有产生实质性的成效。实践证明,在放开市场的同时转变政府行政职能,建设法治型、服务型政府,才有可能真正解决经济非一体化发展的体制问题。

(四)公共产品辐射与竞争

诚然,以行政区划为边界分割市场,是非一体化经济的显著特征。各个区域在机场、港口、重大科技仪器和实验室等具有公共产品性质的基础设施的选址和落地方面存在竞争,地方政府在一种具有利益边界明确的制度结构下的市场竞争,必然是寻求地方行政区域边界内的垄断利益最大化和成本最小化,表现为公共产品尽量在本地实现"外溢",而建设成本最好是由中央政府或别人承担。这导致公共产品除了盲目竞争和重复建设之外,在选址和建设方式等方面也是为了本区域的利益最大化,而不是从长三角一体化的整体角度配置公共资源。

令人深思的是,有行政区划并不代表就一定会导致统一的市场体系被割裂,也不代表一定会导致公共基础设施难以完全实现共建共享,因为在现实世界中,哪里都有行政区划,哪个国家都必须按行政区划进行行政管理,这是由管理幅度或管理跨度这个规律决定的。事实上,有行政区划就有区内公民的独立的利益边界,但是独立的利益边界并不意味着它要通过行政割据的方式运作。恰恰相反,独立的利益需要通过竞相开放才能真正实现。行政边界不是市场非一体化的充分条件,运用行政手段分割市场利益边界才会出现市场的非一体化。

第二节 "双强"动力机制发挥作用的思路设计

构建长三角一体化的动力机制,"强政府"和"强市场"的作用都要发挥,但在思路设计上要强调位次有别,即更好地发挥政府作用的目的,是营造发挥市场作用的环境。

一、首先发挥政府的强力推动作用

地方保护的市场壁垒只有政府才能形成,也唯有政府才能打破。也就是说,从阻碍统一市场建立的因素来看,在几乎所有影响市场运行格局和效率的因素中,不论是互联互通的有形壁垒还是体制机制壁垒,只有政府的行政权力才有可能长期地、有力地、大幅度地扭曲、分割和限制市场。因此,就通过区域一体化形成统一市场、清除市场壁垒、营造公平竞争发展环境、提高资源配置效率的目标来说,首先需要政府自身的改革,尤其是要协调和平衡好产业政策与竞争政策之间的关系。

地方追求自身利益所进行的独立决策,难以避免社会成本的发生,因此合理的政府干预是必需的。长三角一体化需要在全国统一的法律和政策体系的规范下,逐步修正和统一各成员地区的地区性法规和政策,废除与一体化有冲突的地区性政策和法规。在现阶段,表现为需要减少相互之间负外部性的干扰,协调各地既有的经济社会发展战略,以有意识地适应区域经济一体化的需要。

在这方面,要有务实的精神,合作协调要从具体的项目合作开始做起,避免在范围广泛的领域中进行抽象议论和长时间讨论。长三角地区必须通过某些具体的项目行动来进行实实在在的联合,在这些以市场为导向的活动中,逐步打破区域行政壁垒,发展企业主体在区域间的自我联合、自我协调和自我发展机制。某些具体的、实实在在的联合战略构想和战略措施,可以是某些具体的基础设施如航空和港口的联合,也可以是某个重大的科技合作研究项目,如新能源汽车的使用和充电设施的一体化等。

二、在政府建立初步竞争规则后让市场发挥更大作用

当交通基础设施等公认的一体化领域达成共识之后,政府为推进区域一体化发展提供外在环境的任务初步完成。在更深层次利益调整过程中,唯有市场机制才能自动产生经济一体化发展的内生效应。当前一体化过程中发挥市场机制的作用主要体现在以下方面:

(一)确保微观主体在长三角一体化中的利益诉求

创造各类平台和氛围,让基层政府、广大企业等利益相关方在长三角一体化问题上充分发声,表达各自的利益诉求,从而保证一体化的思路和方案从最初设计开始就是符合市场内在规律的,有利于推进执行。特别是要充分发挥企业在长三角经济一体化中的作用。在各地政府对企业跨区域行为限制进一步减少的过程中,行政区划形成的天然障碍能够由企业的一体化来克服。随着体制机制的改革打破影响区域间生产要素自由流动的障碍,企业会最敏锐地捕捉到长三角区域内的商业机会,整合区域内的资源。当所有的企业都根据长三角各地比较优势进行企业层面的资源配置时,那么一体化的格局就将自然形成。

(二)选择适合长三角一体化发展的产业组织形式

产业发展是区域经济社会发展一体化的基础。从全球价值链理论看,全球价值链在国内经济循环的背景下,表现为国内价值链。国内产业梯度发展格局以及产品内分工的发展趋势,使我国国内价

值链的产业组织形态表现为三种形式,这三种形式的国内价值链都会自动地、内生地产生经济一体化的发展效应:一是紧密型的、基于纵向一体化的企业集团的价值链。由于企业在其纵向一体化的边界内,往往可以用"管理的手"协调原先必须由各地政府谈判协商的跨地区事务,因此它是最直接的一体化形式。二是松散性的、基于市场公平交易的价值链。它的一体化效应的出现,必须最大限度地以降低政府政策和制度壁垒为前提。三是处于上述两者之间的、半紧密型的、基于"被俘获的价值链"。处于这种价值链高端的治理者,通过订单、技术指导和管理服务等实现对下游接包的供应商的控制。从产业配置上,今后可以设想,把产业集团总部放置在上海等生产者服务业发达的地区,而把其产业制造基地配置在长三角相对后进地区。前者可降低长三角地区商品和服务生产的交易成本,而后者则可以降低长三角地区商品和服务生产的制造成本。

(三)以市场化的原则协调和处理一体化过程中的地方利益冲突

这包括机场、港口等基础设施的地点选择和差异化定位、重大科研平台的落地方式、创新载体合作模式等深层次一体化合作中的问题,均涉及各个地区重大利益调整乃至矛盾冲突,解决这些问题依靠行政命令即使暂时能够达成平衡,也无法得到微观层面的持续执行。只有让相关的市场主体按照市场的原则、以价格机制作为主要调节手段充分地讨价还价和动态调整,形成的方案才具有生命力[1]。

---

[1] 徐琴.多中心格局下的长三角一体化发展[J].现代经济探讨,2018(09):36-40.

第三节　长三角区域一体化高质量发展的推进路径

为了找准构建长三角一体化高质量发展的引擎,可以着重从以下几个方面考虑:

(一)发挥上海作为长三角经济龙头的辐射作用

需要充分发挥上海龙头带动作用、苏浙皖各扬所长的基本区域合作格局。当前,上海在长三角地区的龙头带动作用主要体现在其利用发达的生产性服务业和协调各地制造业发展等方面。经济学认为区域内部需要制造成本和交易成本相对低的合理分布,在长三角区域内部,上海可以降低交易成本,而苏浙皖等地可以很好地控制制造成本,因而长三角地区交易成本和制造业成本综合较低的区域,可以很好地促进区域协调。因而,世界级城市和城市群的衡量标准应该是生产性服务业的占比,例如金融、航运、商务等生产性服务业的发展水平。上海生产性服务业占 GDP 以及服务业的比重应该分别达到50%和70%,这样应该就可以很好地支撑区域的高质量发展。苏浙皖各扬所长的路径,就是进一步嵌入全球价值链,增加对价值链高端、高附加值环节的控制。过去是依靠传统制造业和出口加工的方式嵌入全球化价值链,主要是被动嵌入,附加值较低;当前,苏浙皖地区需要围绕"一带一路"倡议,主动建立以我为主的全球产业分工和价值链体系。

我们通过长三角区域合作办公室了解到,在向长三角相关地区征求有关一体化意见的过程中,90%的意见是希望通过各种基础设施和制度设计更好地接受上海的辐射。基于长三角发展的现有区域格局,如果上海不能发挥对长三角的龙头带动作用,如果其他成员不能从上海的转型发展中受益,整个一体化的格局将无法较快形成。在长三角一体化高质量发展中,上海的龙头作用至少体现在以下几个方面:一是上海从大局出发为辐射周边创造条件。比如,周边地区都在积极协调打通断头路接受上海辐射,但不少道路对上海来说受益可能并不高,这个时候上海就要算好长远账、整体账。二是上海从建设全球卓越城市的目标出发,聚焦彰显功能优势,聚焦"四个中心"定位,突出服务经济,主动在产业方向上逐步退出一般性的、劳动密集型的、能耗高的制造业,逐步取消吸引代工型 FDI 的优惠政策。让这些产业和 FDI 转移到长三角更具有承载能力的地区,这也有利于解决长三角内部的不平衡、不充分问题。三是上海的科技平台、金融平台、人力资源平台向长三角地区开放,为长三角地区嫁接和配置全球资源创造条件。

(二)需要进一步明确一体化高质量发展的主要任务和内容

长三角高质量发展需要推动重大改革举措的集成联动。区域一体化发展实质上是区域内部各地的高水平的竞相开放,一体化的核心含义是破除政府设置的行政壁垒,一体化高质量发展就是要求转变政府职能,尤其是政府对各地商品和要素市场的封锁。长三角一体化发展不能在抽象层面上进行空谈,需要先就一些关键领域(如基础设施建设、旅游产业发展合作等)进行渐进式的改革和合作,这样会快速推动区域内相关体制的整体创新。

浙江和江苏的一体化是长三角一体化发展的重点,需要构建"一圈、两带、一廊"。"一圈"是环太湖地区,重点开展产业结构优化调整和生态环境的协同治理,解决太湖污染等环境问题的负外部性;"两带",一是指宁杭生态经济带,要探索生态保护和高科技园区协同发展的路径,二是运河文化经济带;"一廊"是指科技走廊,为发挥上海生产性服务的作用,高水平对外开放和创新,政府可以探索设立高科技产业基金,重点投资有成长性的项目[1]。浙江和安徽的一体化重点是解决新安江生态环境问题、浙江和安徽之间旅游资源的协同开发问题,等等。江苏和安徽之间一体化的重点是制造业产能转移的问题,即如何将江苏部分过剩产能向皖江地区转移,再有就是如何打造以南京为中心的都市圈和商圈,这也会影响到合肥、蚌埠和滁州等地区。

(三)国家试点政策长三角范围内复制推广

目前国家层面已经在长三角试点了的重要政策,已经涵盖了贸易、金融、科技创新等多个重要方面,很多非试点地区具有很强动力将这些政策学习、引进和落地,尤其是上海自贸区和自由港政策、苏南现代化建设示范区政策、浙江金融改革政策等。可以从长三角层面向中央争取一定的行政授权,长三角地区各地政府的决策机构可以在一定条件下、一定范围内,有秩序地复制推广国家已经在长三角试点的政策;或者由长三角决策机构统一向国家有关部门申请,在部分地区复制推广某些具有共性的试点政策。让这些重要改革试点、改革举措的成果率先在长三角复制推广,一定会起到放大改革叠加效应的作用。

---

[1] 江南.G60科创走廊:长三角更高质量一体化发展重要引擎[J].江南论坛,2018(06):21.

（四）打造有形"飞地经济"和无形"互联网平台"整合区域资源

可以试图将过去各地行之有效的"飞地经济"模式和经验，扩展到更广范围、更多主体，让更多地区和企业受益。随着最严格的环保政策在长三角全区域的实施，现阶段"飞地经济"不能再是产业梯度转移跟随者，而要成为产业价值链和创新链分工的试验区。除了"飞地经济"这样的有形载体，还要打造互联网平台载体整合教育、医疗、产业供应链等资源，让参与者真正受益[1]，比如，进一步推进长三角高水平医院的医疗和跨省结算；长三角地区的大型科研设备，可以通过构建整体平台实现有偿共享；汽车、医药等重点行业的检测检验设备平台构建等。

（五）鼓励企业在长三角范围内兼并收购

各地集中支持战略性新兴产业发展时，不可能完全排斥产业同构和重复建设，更何况市场经济下，企业投资者是根据不完全、不可预测的信息进行决策的，只要是市场经济，就一定会有重复投资和重复布局，就会有产业结构的趋同。我们协调长三角各个地区形成特色化、差异化的产业定位，并不是要去协调哪个省市搞什么、不搞什么，这样无法调动各地积极性的协调也不可能实现。产业重复和趋同并不可怕，可怕的是市场不存在自动结清机制，即如果不存在收购兼并、破产倒闭机制，就一定会出现严重的产能过剩和结构冲突。一般来说，只要在统一大市场下存在兼并收购机制，能够突破人为的市场壁垒，就能自动将产能重复和过剩限制在一定范围内，

---

[1]　高长春.长三角区域创新网络协同治理思路和对策[J].科学发展,2018(09)：35-46.

差异化的产业定位会通过区域内充分的兼并、收购、合作自动形成。

（六）发挥大型企业集团的区域协调作用

长三角拥有众多国内外著名的大型企业集团，涵盖了先进制造、互联网经济等多个领域，这些企业是全球价值链和国内价值链的"链主"。大型企业集团进行跨区域投资，按照市场化原则在长三角范围内配置资源，长三角的区域一体化分工就演变为大型企业集团内部的产业链、价值链、创新链的分工，这种企业集团内部的协调难度将远远小于政府之间的协调难度。可以设想，企业集团在产业配置上，服务环节将主要放在上海，制造环节以苏浙皖为主，前者降低长三角商品和服务生产的交易成本，而后者则可以降低长三角商品和服务生产的制造成本。在区域对外开放方面，长三角三省一市还可以协调本地企业组团到长江中上游和"一带一路"国家以办开发区的形式投资建设制造基地，本地企业则在长三角发展以总部经济为主、通过构建以我为主的价值链的"链主"地位。

（七）逐步构建长三角地区的竞争规则

长三角一体化的中长期目标是形成统一的市场竞争规则。长三角地区通过致力于建立以市场竞争为基础、非行政扭曲的竞争体系，推进经济从"发展竞争"逐步转向"平等竞争"，逐步限制地方政府参与市场运作的市场主体功能，确立竞争政策以替代产业政策并在市场经济中占据优先地位。当各个成员充分享受到一体化益处的时候，遵守竞争规则就会成为一种自觉动力和行为。在现阶段，可以在交通、环保、公共服务等部分外部性较强的领域，从易到难逐步签订某些具体的协议，达成对各地区竞争规则的协调。在法律层面逐步构建区域竞争规则,将是长三角一体化为全国做出的最好示范。

(八) 充分结合长江经济带和"一带一路"建设

长期以来,我国包括长三角地区以向东开放为主,长三角作为对外开放的前沿地带,发展较快。当前,我国需要构建东西双向开放的新格局,尤其突出了向西开放的重要性,这就要求我国包括长三角面向全球、"一带一路"沿线国家和地区建立价值链分工体系。在这一过程中,上海等中心城市可能成为企业总部集聚地区,开始将传统制造加工职能向"一带一路"沿线地区转移。长三角地区可以通过"一带一路"倡议让企业家抱团投资在沿线国家和地区设立工业园区等。另一方面,长三角一体化高质量发展,也要充分结合长江经济带建设,将长三角地区的企业向长江中上游地区转移,避免相关产业过度向东南亚等地区转移,实现真正的产业"溢出效应"而不是产业退出的"外移效应"。

第三章　长三角一体化发展的产业支撑

党的十九大报告首次提出,要贯彻新发展理念,建设现代化经济体系。其中,建设实体经济、科技创新、现代金融、人力资源协同发展的产业体系是物质基础。在这四个变量的关系中,实体经济是纲,是目标,是导向,任何脱离发展实体经济轨道、使虚拟经济自我循环的资源配置倾向,都会伤害国民经济的良性循环和健康发展,都需要大力纠偏;科技创新在建设现代经济体的背景下,是实体经济发展的第一要素驱动力;现代金融业,不仅是工业化时代资本密集型产业成长的血液系统,也是知识经济时代支撑科技创新的风险资本来源。至于人力资源,则是建设现代化经济体系中各行各业都需要的第一生产力。这种以科技创新、现代金融、人力资源为投入要素,以实体经济为产出的相互协同的形式来界定要建设的产业体系,无疑是新发展格局下长三角推进一体化发展的必然要求和坚实基础。

第一节 协同发展的产业体系是长三角一体化的必然要求

众所周知,现代化是一个与时间有直接关系的不断发展变化的目标变量。现代产业体系不仅在同一国家的不同时间段上有不同的发展状态和内涵,而且在同一时间、不同国家之间也有不同的发展状态和内涵。就发达国家的情况来说,现代产业体系就是指现代服务业和先进制造业占据绝对主导地位的产业体系,其现代性体现在人力资源、知识资本和技术资本在产业发展中的作用越来越大,体现在现代服务业尤其是生产性服务业发展越来越充分。在发展中国家,现代产业体系就是农业基础比较稳固,制造业尤其是装备制造业比较发达,第三产业发展迅速,产业国际竞争力不断增强、附加值不断提升的产业体系,其现代性主要体现在工业技术进步对经济社会发展作用越来越大。

建立现代产业体系,在长三角这种具有广袤的土地面积、巨大人口规模和经济实力的地区,就是要实施全面的乡村振兴战略,构建稳固的现代农业基础,加快发展战略性新兴产业、先进制造业和高新技术产业,以及构建门类齐全、品质和质量上乘的现代服务业。总体要求是从速度经济逐步过渡到质量经济,提升技术水平,提升产业国际竞争力,提升产业附加价值[1]。这种协调发展的产业体系是长三角一体化发展的物质基础。

---

[1] 刘志彪.为实现现代化打下坚实产业基础[N].人民日报,2016-08-25(E07).

显然，上述对现代产业体系内涵的表述，第一个特点是比较侧重于对建设目标的描述；第二个特点是目标状态的描述用到了较多的、不容易进行量化分析的形容词；第三个特点是在具有现代性的产业门类中寻求建设目标和路径。党的十九大报告对所要建设的产业体系的内涵表述，独辟蹊径、创造性地从三次产业之外，从要素投入的角度，定义了我们下一步发展所需要建设的协同发展的产业体系。这是一个重要的、建设性的概念创新。这可以用一个简明的函数关系来表述，即 $F(X) = F(X_1, X_2, X_3, \cdots, X_n)$。其中，$F(X)$ 代表实体经济，X_1 代表科技创新，X_2 代表现代金融，X_3 代表人力资源，X_n 代表可能还有其他决定实体经济发展的要素，如体制机制、教育、自然条件等。因此，用现代生产函数这种抽象形式来描述，可以清晰地看出我国未来要建设的这个协同发展的产业体系的愿景，以及其内涵的基本特点：

其一，这个愿景吸收了现代经济学中的内生增长理论的精华，强调现代经济增长要更多地发挥高级生产要素的协同作用，而不是去孤军奋战。过去我们在全球价值链底部进行国际代工，拼的是要素成本低，尤其是劳动力成本低的优势。现在，中国的人口红利逐渐减弱，各种要素成本上升迅速，因此，产业发展就要更多地依靠生产率上升，依靠技术、知识和人力资源，把汗水经济转变为由人力资源驱动型的智慧经济。

其二，这个愿景强调国民经济中的投入要素最终必须落实在强壮实体经济上，注重实体经济与虚拟经济之间的均衡关系。所谓的协同发展，主要体现在这个方面，这也是建设协同发展的产业体系的真正含义。过去的发展，资源较多地流入虚拟经济领域，脱离了虚拟经济服务实体经济的目标和原则。对产业发展的结构进行纠偏,就是要想办法把资源重新引导和投入实体经济中去。

其三,这个愿景不仅是要鼓励金融服务于实体经济,而且要用现代金融机制支撑科技创新,用风险资本等直接融资机制支撑现代科技创新和经济增长。习近平总书记在 2021 年第 6 期《求是》杂志上发表文章指出,进入 21 世纪以来,全球科技创新进入空前密集活跃的时期,新一轮科技革命和产业变革正在重构全球创新版图、重塑全球经济结构。充分认识创新是第一动力,提供高质量科技供给,着力支撑现代化经济体系建设。这就需要抢抓机遇,加大创新投入,培育新的经济增长点,而这一切主要靠现代金融尤其是资本市场的发展。

第二节　以现代化经济体系为导向建设协同发展的产业体系

一、推动质量、效率和发展动力的三大变革

现代化经济体系是党的十九大报告提出的建设现代化强国的一个分目标。它是指国家经济系统的现代化水平和状态,包括在发展总量和速度、发展水平和质量、发展结构和要素、空间布局的性状、体制机制运行、开放发展程度等诸多方面的现代性。显然,协同发展的产业体系只是现代化经济体系中的一个分目标或子集合,但是它是实现现代经济体系目标的物质基础。没有强大的现代产业

体系,就不可能有国民经济的现代化。但是,构建这样一种协同发展的产业体系,须以现代化经济体系为基本的目标导向。

当前,我国发展进入新阶段,建设协同发展的产业体系,应适应宏观经济背景的这一重要变化,依据现代化经济体系的特征和要求来推进。总的来说,要注重坚持质量第一、效率优先的方针,以深化供给侧结构性改革为主线,推动质量、效率和发展动力的三大变革。

一是要从速度经济转向质量经济,改变过去主要依靠投资拉动扩张产业规模的做法,更多地强调结构调整、产业素质提升和产业转型升级。

二是逐步降低那些低技术水平、低市场份额和低附加值产业的比重,让那些体现新技术、新方向和新动能的产业逐步占据优势和主导地位,形成产业迈向中高端的发展格局。

三是不能像过去那样过度依靠出口维持产业增长,应把产业增长的动力更多地转到技术进步、生产率提高上,进而更好地满足国内需求。

二、建设协同发展产业体系的四大努力方向

(一)依托内需全面构建三次产业分工的新体系

世界发展的经验表明,小国开放型经济可以主要依托国际分工,而大国经济除了要积极融入国际分工,还必须独立自主地建立门类完整的、依托于内需的协同发展的产业体系,注重三大产业部门协调、协同和协力发展。我国是发展中的大国经济,现阶段建设这种目标要求的产业体系,不能简单地模仿发达国家主要发展以科

技、金融为主的现代服务业的做法,而是要吸取 2008 年国际金融危机的教训,高度重视先进制造业、高科技产业、战略性新兴产业在国民经济中的主导地位,高度重视虚拟经济与实体经济发展的平衡,坚决避免产业空心化和泡沫化。

制造业绝不能空心化,这是建设协同发展的产业体系的一条底线。当前,要坚决抑制社会资本"脱实向虚",防止金融和房地产等行业过度自我循环与膨胀,以致损害实体经济的产业基础。为此,对服务业中某些具有虚拟经济特征、容易被作为资产增值手段炒作的活动,如高杠杆支持的汇市、股市、债市、楼市等,应采取有效的政策手段予以监控,让其回归服务于实体经济的功能。同时也要注意,强调制造业的重要性,与建立以服务经济为主导的产业结构并不矛盾。在健康运行的国民经济中,各产业之间谁也离不开谁,离开制造业基础的支撑,服务业发展也不可持续。四要素协同的产业体系好比一棵大树,制造业是树干,农业是树根,服务业则是进行光合作用的枝叶。对这棵大树来说,每个部分都很重要。长三角地区由于过去长期在发达国家主导下的全球价值链的低端环节进行代工,依靠的是外需拉动,因此在新发展格局下,尤其要注重依托大国内需来促进三次产业协调分工和高质量发展。

(二)重点推进制造业转型升级,逐步迈向产业链的中高端

我国已经是全球制造大国,但还不是制造强国。只有推进制造业转型升级,由产业链的低端迈向中高端,才能实现建成制造强国的目标。制造业迈上产业链中高端的标志,一是重工业化,即重工业创造的国民收入占制造业创造的国民收入的 60% 以上;二是高加工度化,即要对初级资源和基础产品进行多层次、多批次的深度加

工,拉长产业链,密集地投入技术和知识,创造更多的附加价值;三是技术知识密集化,人力资源、技术、知识不断地替代物质资本和低级要素。

特别需要指出的是,制造业迈向中高端,并不是指制造业的技术水平要全部进入全球顶级的位置,更不是指产品要满足少数社会成员的奢侈性需求,而是指产业发展要逐步摆脱低端锁定状态,能够在全球创新链的分工环节占据一席之地,在技术进步、生产率提高的基础上不断增加附加值、提高经济效益。只要我国制造业的主要产业占据了全球创新分工的某些环节,占据了世界市场的较大份额,产业的附加价值水平达到或超过了发达国家的平均水平,就可以说制造业迈上了中高端。实现这一目标,不能像过去那样仅仅靠学习、模仿和引进技术,而需要不断推进技术创新、市场创新与制度创新。

目前,长三角地区生产要素成本大幅上升,导致一些传统产业中的企业生产成本急速上升,亏损或倒闭的企业增加,有的企业则选择外迁。解决这一问题,需要这些企业在微观层面逐步使自己的价值创造活动迈向中高端,具体可以选择的发展战略有:一是向产业链上游环节发展,强化研发、设计,即进行产品创新;二是向产业链下游环节延伸,发展营销、物流、品牌、融资等业务,即进行组织架构创新和业态改造;三是在产业链中游环节着力,发展加工制造中价值增值大的环节,即进行工艺流程创新;四是通过多元同心化拓展,努力拉长产业链,进入关键零部件和关键设备制造的生产领域,即进行产业链创新。

(三)构建新型全球价值链

协同发展的产业体系建设,不可能脱离全球产业分工而在封闭环境中孤立地进行,必须借助经济全球化,在开放环境中高水平地快速推进。过去一段时间,经济全球化使国际产业间分工演变为产品内分工和产业链分工,很多中国企业被跨国企业纳入全球价值链的低端制造环节从事国际代工。未来,我国推进新一轮高水平对外开放,应着力构建新型全球价值链。这个条件现在已经具备:一是我国市场规模巨大,具备虹吸全球高级生产要素、努力让中国企业站上价值链高端的基本条件;二是我国科技实力不断提升,在一些领域开始由跟跑并跑向并跑领跑转变;三是人民币国际地位上升;四是对外开放水平不断提升,开放型经济新体制正在加速形成。在这些条件中,长三角地区具有得天独厚的优势,应注重利用我国庞大的国内需求向国内外采购,或者利用自主知识产权技术向国外发包加工环节,进而把一些外国企业的加工环节纳入中国跨国企业的生产体系。

此外,还应鼓励我国企业走出去,并购处于全球价值链高端环节的外国企业,或者进入营销、品牌和服务环节,或者进入研发、设计环节,实现从价值链低端向中高端攀升,提高产品技术含量和附加值。譬如,可以紧密结合"一带一路"建设来进行。"一带一路"建设的核心是更高水平的开放,构建沿线国家共同参与的全球价值链是其重要内容。在"一带一路"建设中,如果没有全球价值链的连接,国家、地区、城市之间就难以形成互利共赢的贸易和投资合作,"一带一路"的经济纽带作用就无法充分发挥。在"一带一路"建设中,可以把长三角甚至我国其他地区具有竞争优势的产能向劳动、资源和环境成本更低的国家和地区转移,在这个过程中实现产能调整和产业组织形态改造,并带动沿线国家和地区发展。

总之,要建设基于自主创新和可持续发展的现代产业体系,必须充分利用我国国内市场广阔的优势,逐步建构国内价值链,发展具有全球竞争优势的关键价值链环节或生产体系;同时,将国内价值链逐步嵌入全球创新链,形成创新环节全球分工、创新资源全球配置、创新能力全球协调、创新核心以我为主的全球区域创新中心,逐步成为全球创新链的一个重要环节和一支重要力量。

(四)高度重视传统产业的信息化、智能化改造

协同发展的产业体系的建设,不是完全抛开原有产业体系另搞一套,不可能主要依靠新的投资去建设新的产业体系,而是要以对传统产业的大规模技术改造为起点。传统产业不等于夕阳产业。事实上,只有夕阳产品、夕阳技术,而没有所谓的夕阳产业。实践证明,再传统的产业,只要经过现代技术的改造,都可以成为现代产业体系的一部分,焕发出蓬勃朝气,形成强大市场竞争力。例如,信息化和工业化的融合能够实现产业结构的技术跨越。移动互联网融入哪个产业、充分改造哪个产业,哪个产业的水平就会得到显著提升、获得"智能化+"的升级效应。

根据经济周期理论,当前世界经济的低谷时期是进行大规模技术改造的最佳时期。我们应立足现有制造业优势,通过技术改造尤其是智能化改造,打造一批国际一流的先进制造基地。具体包括:

一是对智能化制造业的提升方向、技改重点做出科学预判和战略规划,加强引导服务。建立和完善智能化技术改造项目审批、补贴、绩效评估等政策体系,构建智能制造的公共服务平台,开展政策协商、项目推广指导、技术引进转让等活动,完善制造业智能化改造的管理机制和制度保障。

二是鼓励相关企业在智能化园区集聚发展,利用外溢效应吸引

和鼓励企业加强智能制造技术的合作攻关。支持企业同其产业链的上下游、相关高校科研院所、国内外企业共建研发中心，合作开发智能制造所需技术。

三是重视智能制造业技术标准的制定。政府应帮助企业构建相互衔接的行业共性标准，鼓励企业开发具有自主知识产权的企业标准，抢占国内外先发优势。政府应根据动态比较优势原则，选择某些重点行业中的优秀企业，鼓励其探索实施智能化技术改造的标准化示范工程，进而形成相应的改造流程并向全行业推广，以提高行业整体发展水平。

四是在金融支持政策、高端技术人才政策等方面，完善推进智能化技术改造的配套措施。如通过化解产能过剩腾出信贷资源、物质资源和市场资源，以精准的产业政策支持企业智能化技术改造，用市场化手段解决企业融资难、融资贵问题。再如，可以鼓励企业放眼全球引进高端技术专业人才，建立首席技工等激励制度，做好人才引进后的服务工作，等等。

第三节　建设协同发展的产业体系的关键在于均衡虚实经济

建设协同发展的产业体系，要把均衡实体经济与虚拟经济之间的关系作为关键问题。现阶段的经济社会发展发生了根本变化，这种变化必然会引起宏观经济管理重心的转移。如果宏观经济管理仍沿用旧的办法，各要素就不可能协同投入，就不能协调顺畅，就会发生虚拟经济发展脱离服务于实体经济的不良格局，由此一方面产生严重的泡沫经济,另一方面使实体经济受到严重的损害,出现系统性、大规模的金融经济危机,并使建设现代化经济体系的目标落空。

一、经济运行中虚实经济发展的失衡

过去我国社会的主要矛盾,是人民对不断增长的物质文化生活需要同落后的社会生产力之间的矛盾。人均收入低下的现实,决定了储蓄规模的狭小,以及投资能力的低下。投资能力决定产出水平和市场供给能力。面对人民不断增长的物质文化生活需要,这种状态只能表现为"双短缺经济"的总格局,即资本短缺和商品短缺。这个时候的经济运行和宏观经济管理,一般来说不存在虚拟经济与实体经济的冲突问题,而是必须主要面对供给短缺的矛盾。千方百计地增加供给,追求产能和 GDP 增长速度,是宏观经济政策的主要取向。这既是因为这个阶段上虚拟经济规模很小,也是因为所有的要素都被动员起来增加物质的供给。例如,金融的主要任务是通过信贷渠道集聚社会闲散资金进入实体投资领域,努力增加投资能力和市场供给;科技创新也是以增加生产能力为主要特征的工艺流程创新;同时,人力资源也主要在实体经济领域就业。

显然,21 世纪初以来,上述资本、商品的双短缺矛盾,在我国已经基本不存在。现阶段我国社会的主要矛盾,已经转化为人民日益增长的美好生活需要和不平衡不充分的发展之间的矛盾,即一方面以物质为基础的需求结构出现了多样化,另一方面供给结构存在不均衡现象。从供给面的具体情况看,随着人均收入水平逐步接近世界平均水平,我国开始出现资本过剩和商品过剩这种"双过剩经济"

的总态势；同时，伴随着收入增加，出现了严重的"资产荒"现象，即社会供给的优质资产赶不上人们投资理财的需求。一方面，我们现在主要工业品的产能都存在严重过剩、库存居高不下的情况；另一方面，大量的剩余资本寻求高盈利出路，追逐有限供应的优质资产。这对实体企业发展环境的恶化，起到了推波助澜的作用：一是它拉高了资产的价格，全社会资金的机会成本随之提高，这使制造业等实体经济出现"融资难、融资贵"的不良格局，融资成本的提高，将伴随着这些企业盈利水平的持续下降；二是高企的资产价格，尤其是房地产价格吸纳了居民主要的收入和储蓄，广大居民不得不凑钱、借款买房，因而严重挤压了居民其他的正常需求，这种畸形的消费结构使其他需求受到了严重的抑制，从而加剧了产能过剩的现象；三是资产价格的迅速高企，引诱一大批原本老老实实做实业的企业家转而投向资产经营，有些甚至放弃了实体经济生产经营活动。

因此，在现在这个经济发展阶段上，从供给侧满足人民日益增长的对美好生活的需要，不仅包括物质文化生活方面的内容，也包括提供更多的优质资产、保证民众财富不断增值的需要。财富不断保值增值是美好生活需要的物质基础，是第一位的。这既需要现代金融体系的创新有效地发挥作用，也需要通过鼓励科技创新，为金融体系的创新提供基础的、具有良好收益前景的"底层资产"。如果这个时候金融体制还是处于抑制状态，金融市场范围和规模狭小，金融工具缺乏，民众就只能把本来用于居住的房地产当成炒作的资产，从而可能导致以房地产为主的严重的金融泡沫。

二、均衡虚实经济究竟是要干什么

根据新时期我国社会的主要矛盾，经济治理的任务不再是要努力增加生产能力,而是要联动地解决资本和商品的双过剩问题,同时千方百计地缓解资产荒问题,努力增加优质资产的供给。这一任务显然要比过去仅追求增加储蓄、扩大投资和供给问题复杂得多。如果宏观政策还是以追求 GDP 增长速度为导向,结果一定会发生实体经济领域的产能进一步严重过剩,同时虚拟经济领域出现进一步的资产荒现象。在产能严重过剩的背景下,成本刚性加上销售量的收缩,企业产出的售价和盈利将不断下降,出现财政收入增幅下降和经济增速下降的趋势,使资金、人才和其他资源丧失流入实体经济的动力。

在实体经济、科技创新、现代金融、人力资源协同发展中建设现代产业体系,可以从短期和中长期两个角度看。

从短期来看,平衡实体经济与虚拟经济的关系,关键是要解决当前实体经济产能过剩、杠杆过高等困难,增强实体经济盈利能力,让实体经济能够取得社会平均的回报率,从而恢复资本资源和人力资源等流入实体经济的信心和意愿。如果实体经济中巨量的过剩产能和僵死企业不能被顺利地处理掉,而是越积越多,那么一方面这些企业要继续消耗和占用国民经济中宝贵的金融资源、物质资源和人力资源,继续迫使信贷加大投放,这会进一步提高实体经济杠杆率,增加爆发系统性、大规模经济金融危机的可能性;另一方面从动态看,也会通过复杂的经济传导机制,进一步加大实体企业的杠杆率水平,即过剩产能、僵尸企业增多→行业供求总量和结构关系进一步失衡→产品价格不断下跌→全行业企业业绩变得更差→无法弥补历史欠账(拖欠的工资、社保、应付账款、设备减值等)、无法更新改造技术设备、无法归还银行欠账→企业负债率进一步上升→银行不良率进一步上升、政府财政收入降低、员工工资收入无法改善→金融风险概率上升。反之,如果通过供给侧结构性改革,削减了实体经济的供给总量,改善了供求结构,那么上述机制传递的逻辑就会反过来,变成良性的正常循环,即纠正行业供求总量和结构失衡关系→提高行业内产品价格→提高行业内主要企业业绩→弥补历史欠账(拖欠的工资、社保、应付账款、设备减值等)、更新改造技术设备、归还银行欠账→企业杠杆率降低、实体经济恢复竞争力→银行不良率下降、政府财政收入增加、员工工资收入改善→金融风险概率下降。

从中长期来看,则可以通过抑制、压缩过度膨胀的虚拟经济来实现。抑制和压缩不是用行政手段,不是去人为地压制虚拟经济发展,而是要在市场起决定性作用的同时,更好地发挥政府的引领作用,具体地说就是要实现各要素之间的联动发展,一方面通过金融创新,供给更多的优质资产,满足居民在收入提升之后不断增长的投资理财需要,从而控制由资产短缺所带来的资产泡沫问题,缓解资产荒,平抑资产价格;另一方面要在实体经济领域引入更多的现代金融因素,如增加直接融资比例,降低实体经济负债和杠杆率;同时要引导企业在实体经济领域加快技术创新和优化供给结构,努力淘汰落后产能,吸收更多资本、技术和人才流入实体经济,为金融领域供应更多可投资的优质资产。这些工作当然都需要第一生产力——人力资源的源源不断支持。

其实,缓解了日益严重的资产荒,就初步解决了实体经济融资成本高的难题,就降低了企业的生产经营成本,就扩大了市场和缓解了产能过剩,就增加了实体经济的吸引力。

这两个任务其实是紧密结合在一起的。即宏观经济政策可以通过资本市场的发展,引导供给结构的优化调整,从而化解实体经济领域的过剩产能。在这方面,长三角地区完全可以设立试点,先行先试,积累经验,如由央行上海总部牵头成立区域性金融协同监管机构"长三角区域金融一体化监管中心",统筹上海、江苏、浙江和安徽各地的证银保监分局[1]。反过来,对虚拟经济发展中资产价格过高等问题,也可以通过实体经济的发展来平抑和调节,如通过鼓励技术创新和产业创新,为资本市场提供更多的资产配置的选择机会。

———————

[1] 姚亚伟.加快区域资本市场建设,助力长三角一体化发展[EB].中国社会科学网,2019-02-27. http://ex.cssn.cn/gd/gd_rwhd/gd_ktsb_1651/dltptzjzpjdzcsjtthsjb/201902/t20190227_4837743.shtml.

第四章　长三角一体化发展的制度基础

在体制机制转轨时期，以更务实的态度讨论区域一体化发展问题，除了必须把注意力更多地集中在交通、通信等硬件基础设施的对接和链接方面外，也需要考虑各地区行政权力的协调问题[1]。因为，长三角各地发展客观上存在不平衡、不充分的问题，这种客观的差异决定了内在的利益并不完全一致。如果分散的行政权力没有协调发展的制度机制作支撑，那么在决定长三角一体化的公共事务上就可能出现冲突，高质量发展也就会出现问题。

第一节　长三角地方政府推动发展的模式及比较

地方政府作为中央政府与地方、个人及团体之间的联系中介，既是我国国家决策执行系统的"空间—权力"安排，也是区域现代化中制度创新的行为主体。地方政府之所以能够在推动制度创新方

---

[1]　洪银兴,王振,等. 长三角一体化新趋势[J].上海经济,2018(03).

面发挥主体性作用有以下几个基本原因[1]：一是地方政府直接接触当地的个人和团体，能够及时了解情况。来自个人和团体自发产生的创新意图以及新制度的预期收益，使新的制度安排在没有获得全面的合法性之前，具有局部范围内的合法性，避免新制度安排在没有取得效果之前就出现既有制度阻断。二是作为中央政府与地方、个人及团体之间的联系中介，地方政府是"诱致性制度变迁"与来自中央政府的"强制性制度变迁"之间转化的桥梁。在制度创新过程中，一方面地方政府在保护"诱致性制度"安排的积极功能的同时，设法提高"诱致性制度"安排的规范化、制度化水平；另一方面地方政府根据本地实际情况进行选择或转化"强制性制度"安排，以提高其动力水平和降低政治成本。三是地方政府推动的制度创新往往是试验性的，具有收益大、风险小的优点。任何制度创新都是有风险的，由于我国幅员辽阔，地区差异极大，在这种情况下，如果一开始就由中央政府来进行新的制度安排，不仅推行难度大、效果差，而且风险非常大。因此，长三角区域内部也由于经济文化历史的差异、制度起点的不同，政府制度创新的结果也不同，形成了比较典型的"苏南模式""温州模式""经济国际化模式""合肥模式"等。新发展格局下推进长三角一体化发展，江、浙、沪、皖各地政府作为制度设计者，显然要在竞争合作的过程中，相互学习、取长补短。

一、江苏：强政府型的制度变迁与发展模式

就政府作用而言，江苏在实现经济社会现代化过程中具有强烈

---

[1] 郭小聪.中国地方政府制度创新的理论：作用与地位[J].政治学研究，2000(01)：67-73.

的体制内"强制性制度变迁"的特征。历史上南京曾经是六朝古都,明清和民国时期与中央政府都有着特殊的密切关系,江苏相对受政府文化的影响比较深。正是受到这样的文化影响,江苏在经济发展中一直具有稳中求进的特征,在规避政治风险的同时,寻找政策发展的空间。这一点在"苏南模式"兴起、"企业改制"以及利用外资集聚改造"苏南模式"的过程中表现得尤为充分。

苏南通过乡镇企业发展开启工业化的方式,具有政府主导的特征。地方(社区)政府在20世纪80年代和90年代的发展中一定程度上扮演着企业家的角色。苏州、无锡、常州地区采取以乡镇政府为主的资源组织方式,政府出面组织土地、资本和劳动力等生产资料,并出资办企业,由政府指派能人来担任企业负责人。这种组织方式将能人(企业家)和社会闲散资本结合起来,很快跨越资本原始积累阶段,实现了苏南乡镇企业在全国的领先发展。在计划经济向市场经济转轨初期,政府直接干预企业,动员和组织生产活动,这种形式具有速度快、成本低等优势,在一定程度上避免了产权问题的争论,因而成为首选形式。20世纪90年代中后期"苏南模式"逐渐暴露出政企不分的弊端,企业活力开始减弱,并形成了低水平重复建设,从而导致"苏南模式"发展缺乏活力。针对这点,同样由政府主导,形成了90年代末期的"乡镇企业改制"浪潮。苏南地区对乡镇企业实施多次产权制度改革,即把乡镇集体企业改制成集体控股的股份制或者股份合作制。之后地方政府又进行了"二次改制",即打破"地方产权制度",退出原来在乡镇企业中的股份,同时也完全撤出对乡镇企业的直接支配权。到20世纪末,苏南地区95%以上的企业完成了改制,通过把乡镇企业改制成民营企业或股份制、股份合作制企业,从而明晰产权,激发了苏南企业家精神。从苏南乡镇企业和民营企业的演进过程可以看出，改革开放之初受制于意识形态和道路之争，走集体经济的道路是地方政府在约束条件下的合理有效选择，之后的产权改革，涉及资产价格、企业家合理甄别等问题，同样也是在政府部门的强烈推动下完成的。

在"新苏南模式"中，除了乡镇企业改革之外，利用外资发展外向型经济也是重要内容。江苏推动开放型经济首要是"工业园区发展"。开发区经济发展的关键是政府建设的高标准和行政的高效率。在将各类经济技术开发区打造成为外向型经济发展载体的过程中，苏南政府高效的管理能力得到了充分体现。依靠工业园区为载体，江苏在全国较早实施政府招商引资战略。为人所熟知的"昆山之路"，即昆山抓住浦东大开发良机，以开发区建设带动城市扩容增量，推动工业化，着重引进台湾的资本和电子信息产业，在20世纪90年代到21世纪初这段战略机遇期成功实现了经济"内转外"。

二、浙江：市场形成为主的内生型发展模式

改革开放之后，历史上形成的"外流"传统使浙江人遍布于中国的大江南北，甚至世界各地。浙江一无地缘优势、二无资源优势、三无政治背景，其崇尚创业和冒险的精神作为一个"财富标本"有着极强的借鉴价值。浙江在政府推动发展和实现现代化的过程中，更多显现的是民营经济的活力，形成了"民本多元"的发展模式。

国内有些学者认为浙江，特别是温州，其发展得益于政府早期的"放任"，但我们认为浙江民营经济发展的制度创新具有原生性和先发性，并不是很多人认为的政府作用弱化。在改革开放早期的市场经济制度建设过程中，"维持市场的作用和力量"也需要政府部门

解放思想和不懈努力。长期以来,温州作为浙江经济的代表,地方政府往往被视作"无为而治",然而仔细分析温州地区经济发展各阶段的变化,我们可以发现,地方政府在不同发展阶段采取的差异化行为模式,对温州地区经济发展起到了相当大的作用。改革开放前,温州地区人均耕地较少的客观现实导致大量农民外出经商,因此家庭工商企业成为当时的微观经济主体。温州政府在认识和处理这一问题时采取了默许甚至保护的态度,从而使得工商企业迅速发展起来。然而,随着经济发展和市场竞争的加剧,家庭工商业的弊端逐渐暴露出来,温州政府开始新的政策创新——股份合作制的改造。股份合作制替代了资本市场和人力资本市场的部分功能,从而成为温州地区经济发展的主要力量。

浙江虽然以民营经济为主,但民营经济的导向却是出口经济,这是其开放型经济的主要形式。在推动对外贸易制度创新上,浙江较早地降低了对自营进出口权的审批门槛,由原先多级审批改为登记备案制,较早发挥外贸体制中的企业家功能。随着外向型时期产业集聚的发展,在"一镇一品"的初始条件基础上,政府推动建立了专业化市场,如义乌小商品市场、绍兴轻纺城、海宁皮革城等知名的专业化市场,这是浙江商品占领国际市场的重要保障。毫无疑问,在浙江经济现代化发展的过程中,政府的作用是无法忽视的。其可贵之处在于,政府的作用主要体现在保护市场机制、发挥民众的首创精神、推动政府制度改革等方面。

三、上海:政府推动高定位的大都市发展模式

上海与中国其他地方相比是最乐于接受外来文化的,与外来文

化的融合性也最强。近现代以来,上海从中西文明交融中形成了地方独特的经济、社会、文化个性。20世纪90年代初的浦东大开发更是开启了中国经济新一轮的对外开放。上海的发展是以工业重地和国际化大都市为特征的。工业化的支柱主要来自两个方面:一个是大型的国有企业集团;另一个是位于世界前列的跨国公司。但上海发展大都市经济的最重要特征是发展金融为主的现代服务业。20世纪90年代,上海利用政策、区位、服务的优势,吸收高水平外资,整个90年代上海累计吸收了300多亿美元的外商直接投资,全球500强跨国公司中一半以上均落户上海。21世纪以来,上海开启了"四个中心"(国际经济中心、国际金融中心、国际贸易中心和国际航运中心)的城市建设之路。上海上述发展特征的形成与政府作用密切相关。浦东模式是上海发展的最好写照和缩影。浦东的开发开放,是中央策划的一项重大国家开发战略。浦东开发的目标与功能定位、产业结构安排、重点小区的规划、重大项目的引进等决策,都体现了党和政府的意志与要求,体现了强烈的政府推动色彩。浦东良好的环境增加了对内外资本的吸引力。上海市政府显示了强政府推动力和高效的行政能力。正是政府的高效,上海才能够在改革开放中逐步形成经济运行机制比较发达、市场行为比较规范的经济运行体系,从而使上海成为市场经济集聚与辐射功能充分发挥均比较理想的地区。

四、安徽:市场化投资和产业培育的合肥模式

近年来,从京东方到兆易创新,再到蔚来汽车,一系列大品牌形成了合肥创新产业的创新名片。在这当中,实际上是合肥市政府对

显示屏产业、半导体产业和新能源汽车产业等的有力撬动,不仅带动了当地的就业,而且也加速推进着当地的产业升级和发展,使合肥成为新一轮中国区域经济增长的明星地区。这种金融思维和资本思维下的合肥模式,使得合肥在过去20多年中崛起成为国际家电之都、IC之都、创新之都。2000—2020年,合肥GDP从325亿元攀升至10045.72亿元,突破万亿元大关;财政收入从41.9亿元升至1432.7亿元[1]。合肥模式无疑引起了各界巨大关注。

总体来说,合肥模式主要是在遵循市场规律的前提下,政府通过运用金融和资本化的市场工具如投资基金等,超前投资布局于战略性新兴产业,以达到地方政府主导型产业政策的目的。譬如,京东方项目在合肥的成功,包括后来切入芯片制造、新能源汽车领域,其重点就是尊重产业和市场发展规律,找准产业方向,通过国有资本引导社会资本进入,并实施资本市场的有序退出,在国有资本实现保值增值后投向下一个产业,实现良性循环[2]。

需要指出的是,合肥主要是通过合肥建投、合肥产投等地方政府投融资平台完成这些产业布局和投资的。这种模式实际上在2008年以来出现了盲目增长的情况,面临严峻的债务困境。合肥模式似乎给出了地方政府投融资平台转型的一个重要方向[3]。但是,这种模式中的投资风险也必须引起足够的重视,合肥模式还有待继续探索和完善。

[1] 周道洪.金融思维引领地方经济创新发展[J].上海国资,2021(05):15.
[2] 金琳.合肥建投:探索产业投资"合肥模式"[J].上海国资,2020(06):78-79.
[3] 范欣.发展关键核心技术产业,合肥模式可行? [N].中国经营报,2020-08-24(E03).

第二节 政府制度供给和制度创新的基本方式

经济发展进入新阶段的一个重要内容和表现,就是政府要适度超脱具体的市场行为,转而为市场运行和社会发展设立、修改和创新行为规则,以此推动经济转型升级。为此,在新发展格局下,长三角推进一体化高质量发展,就要求地方政府从具体干预企业的行为,转向为企业和市场提供高质量的制度供给,以制度创新为核心进行职能改革,调整管理方式和提高调控能力。其基本方式有以下三种。

一、更好而不是更多地发挥政府作用

这一问题的实质是现实中政府职能的发挥,一种是力度刚刚好,不需要更多了;另一种情况是政府干预的力度太大了,对市场干预太多了,影响了市场正常发挥作用,所以要减少。实践上,应该是属于后一种情况。政府在供给侧结构性改革中的作用,至少不是要在数量、范围和程度上的增加,而是要通过对权力清单、责任清单、投资清单、财力清单的管理,通过网络信息的适度公开化,最大限度地减少对企业活动的行政干预,并给市场主体以清晰的预期,这样政府才能把有限的资源和精力,集中在做"最有效"的事情上。"更好的"标准是什么呢?不缺位、不越位、不错位。这至少包括以下几个方面:

一是准确地界定自己的优势领域,要从过去在追求经济增长方面的"强势",全面转向宏观调控、市场监管、公共服务、社会管理、保护环境等基本职责方面的"强势"。二是要改变发挥作用的方式,更多地在市场基础上利用市场、调节市场。如过去习惯于运用产业政策,习惯于直接分配资源,现在要更多地熟悉和运用竞争政策,纠正直接干预企业行为的做法,学会保护竞争而不是保护竞争者。三是为地方政府之间的竞争建立新的标准。让地方政府竞争以促进经济增长,是中国的制度优势。虽然过去也显示出一定的副作用,但这是由激励、约束不相容的某些制度安排导致的。经济发展进入新常态下,清正廉明的发展氛围需要建立新的竞争规则。

二、把"放手"当作最大的"抓手"

当前最重要的是明确政府的权力边界,对权力清单外的事务要多做"减法"。只有在这一块上多放手,才能以市场的方式尽快培育出企业的竞争力,否则企业就是长不大的"小老树"。就像一个家庭中,长期受到父母庇护和宠爱的孩子,心理上不容易长大成人,而那些敢于出去闯荡的青年,大多是在孩提时代其父母就勇于放手的家庭中长大的。在软预算约束体制下,那些不断受到层层保护的国有企业,是今天产能严重过剩的主体,也是"僵尸企业"的主要来源。从这个角度看,供给侧结构性改革中对某些资不抵债、经营扭转无望的国有企业,继续实施"债转股",是进一步放大软预算约束体制的缺陷,无助于市场出清,反而强化了低效率,因此不宜大面积推广。

三、"放手"不是"甩手"

为了充分发挥市场的决定作用,政府放手不甩手主要表现在两个方面:一是为市场活动制定规范,并充当监控者和仲裁者,纠正市场自身的不规范;二是在非市场活动即非营利性活动中发挥主体作用,为市场发展提供外部经营条件。对供给侧结构性改革来说,前一功能主要是要发挥竞争政策的作用。如某些 P2P 网站金融欺诈事件、某些外资和平台垄断案件都说明,只审查、审批市场主体的资格和牌照,不足以规范市场活动,只有转向为市场活动和行为制定标准,才能有效防止类似事件不断出现。政府为市场发展提供外部经营条件,其实就是"补短板"。因为我们现在的社会经济运行中,各种短板大都出现在非市场活动领域,无论是生态环境的污染,还是优质的医疗、养老、基本住宅、教育等民生问题,都是我们实现全面小康社会的"短板",都是我们过去单纯注重经济建设、投资过度倾斜于经济领域的"后遗症"。显然,政府要对企业活动"放手",对市场赢利性活动"甩手",但是必须"腾出手"专注于弥补经济社会发展的"短板"[1]。

过去在短缺经济条件下,我们往往利用产业政策去扩张产能。现在去产能,政府的手不能直接伸到企业,"放手不甩手"应该表现为政策工具及时转换为运用竞争政策。竞争政策保护竞争而不是竞争者,它为市场主体创造公平竞争的市场环境,由此激发市场主体的活力和创造力。具体可以通过鼓励企业间的收购兼并去消灭

---

[1] 中国人民大学宏观经济分析与预测课题组,刘元春,闫衍,刘晓光.供给侧结构性改革下的中国宏观经济[J].经济理论与经济管理,2016(08):5-23.

"僵尸企业";也可以在竞争中让它们自生自灭,实现市场自动出清。当下的政策取向,要鼓励前者,要把对产能过剩的企业的补贴,转为对兼并重组有优势的企业的补贴;对某些产业重点扶持的政策,也应该由对产能的补助,转变为对消费者和用户的补贴,以培育市场需求、扩大市场竞争。另外,也可以通过建立产能竞争标准,去淘汰落后产能。这是在"去产能"中减少行政干预的好做法。落后产能主要有三种:在技术层面,指以落后技术和工艺装备为基础的生产能力;在市场层面,指丧失了竞争力的生产能力;在政策层面,指高耗能、高污染、质量不达标、有安全隐患的生产能力。对前两类落后产能,应该全部交由企业和市场调节。而对第三种落后产能,政府应通过提高环保、能耗、质量、标准、安全等各种准入门槛来完成淘汰目标,加强规则意识,减少计划意识;加强选择意识,减少指令意识。这是良性产能治理的要件。

第三节　政府强化制度
供给和制度创新能力的主要方向

一般来说,制度是由法律法规以及政府政策等规定的行为规则的总和。经济发展进入新常态的一个重要内容和表现,就是要为市场运行和社会发展设立、修改和创新行为规则,以此推动经济进入转型升级新阶段。在结构性改革中制定规则、创新规则、修正规则,就是改革,就是推动经济转型升级。政府的工作突出制度创新和制度供给,就是要以更大的决心、更大的力气和精力来全面深化改革,通过改革来解决我们发展中遇到的种种问题和矛盾。

一、重点解决结构性、体制性和素质性的矛盾和问题

政府层面的制度创新和制度供给能力,就是把新理念、新思想、新方法、新机构、新法规、新政策和新工作载体等,引入原有的制度体系、政策体系和工作体系,实现新的发展组合的能力。在供给侧结构性改革的背景下,政府层面的制度创新和制度供给,需要紧扣转型升级的主线,重点解决发展中存在的结构性、体制性和素质性的矛盾和问题,主要包括以下几个方面。

第一,要重点强化与科技创新引领新发展、建设创新型国家相关的制度供给。科技创新是实现转型升级的主要动力。在制度供给层面,首先要完善企业是创新主体的政策体系,加大对具有经济外部性的新技术、新材料、新工艺、新产品的支持扶助力度。另外,要建立和完善对科技人才创业、创新的支持政策,为其建设高水准的创业、创新平台和载体。

第二,要重点强化与环境保护相关的制度供给。建设美丽中国需要我们把环境保护的倒逼压力,转化为经济转型升级的动力。为此在制度创新和供给上,要把目前限于工作层面的倒逼机制提升到政策层面,并在此基础上进一步上升到法律法规层面。如在环保工作的规章化、制度化中,可以探索实施两类交易制度:一是建立和健全以单位 GDP 能耗为基础的节能交易制度。在这样一种节能交易平台上,单位 GDP 能耗低于全省平均水平的地区,可以卖出相应的节能量;而单位 GDP 能耗高于全省平均水平的地区,则必须买进相应的额度。显然,实行这一交易制度有利于促进各地区能耗量的持续下降。二是建立和健全以水环境质量为基础的流域生态环境补

偿机制。具体是对水质达到一类水标准的地区,达到程度越高、比例越高则奖励越多,而对三四类水质比例高的地区,实施惩罚性倒扣。这种制度安排尤其适用于具有上下游关系的区域生态补偿关系。

第三,要重点强化与建立产业新体系、调整产业结构相关的制度供给。现代产业体系的建设,是实现供给侧结构性改革这一主线要求的具体行动和方案。一是要鼓励全面建设协调发展的三次产业新体系。要吸取2008年以来美国金融危机的经验教训,始终坚持制造业强国的基础地位,始终把实体经济的发展放在第一位。二是要重点鼓励推进工业结构转向中高端。要根据比较优势原则,努力提升中国产业的市场竞争力和附加值水平,抓住以智能制造为主导的第四次工业革命这一新动能机遇。三是要鼓励企业战略性地攀升全球价值链的高端环节。可以通过"一带一路"倡议把中国的丰富产能向劳动和资源环境成本更低的国家和地区转移;可以利用自己庞大的内需向国内外采购,或者利用自主知识产权技术,向国外发包加工环节;可以鼓励中国企业走出去,并购处于全球价值链高端环节的外国企业,实现从产品加工向中高端转变,提高产品技术含量和附加值。四是要鼓励企业重视对传统产业的技术改造。再传统的产业,经过现代技术的改造,都可以成为现代产业体系的一部分。信息化和工业化的融合,能实现产业结构的技术跨越,出现"智能化+"的升级效应。

二、深化政务服务改革是政府自身改革的路径

在方法论上,深化政务服务改革必须坚持问题导向、需求导向。

从根本上来说,深化政务服务改革,一方面是为了破除阻碍微观主体发展的行政性因素,充分调动各种发展力量的积极性;另一方面则是为了更加高效地发挥政府有限的有为作用,支持微观主体更好地发展。按照新公共服务理论,政府必须了解公民的需求,并满足其合理需求。鉴于此,要使政务服务改革切实深化下去并取得实效,必须通过包括政务服务网站在内的各种通道,充分了解微观主体对现行政务服务体系的需求,并通过包括第三方在内的多维主体合理评估,发现政府部门及其服务体系存在的问题,进而确定深化改革的具体内容。

深化政务服务改革需要建立有效的激励约束机制,形成动力与压力双轮驱动。政务服务改革与供给侧结构性改革是一脉相承的。全面深化改革的核心要义是破除阻碍发展的各方面体制机制弊端,构建能够充分调动各方面发展力量积极性的包容性制度框架,实现"人人参与、人人尽力、人人共享"的包容性发展。供给侧结构性改革是全面深化改革的阶段性战略部署,其目的是通过改革的办法推进结构调整,扩大有效供给,提高供给体系的质量和效率,进而增强供给结构适应需求结构的灵活性。以简政放权、"放管服"相结合为主要内容的政务服务改革,则是上述两方面改革的重要内容,它们的共同目的都是要解放和发展社会生产力、解放和增强社会活力。

要使改革深化下去并取得实效,必须建立起有效的激励约束机制,调动各方面、各层次的改革积极性,实现动力与压力双轮驱动。综合全国各地的情况看,目前改革确实有自上而下的压力,体现了改革的顶层设计与上层推动特征。而要使改革能够从纵向和横向两个方向推进下去,真正解决发展中遇到的问题,切实呼应社会需求,除了要将改革压力按照行政层级传递下去、形成自上而下的压力机制之外,还需要建立有效的激励相容机制,调动各层次、各方面的积极性、主动性和创造性,形成上下左右同力的良好局面。因此,对于政务服务人员,需要组织人事部门的积极参与,建立自上而下的激励机制,在给他们施加压力之外再提供相应的动力;对于企业家和创新人才,则需要营造宽松有度的制度环境,用透明公正的法治稳定其预期,给他们吃"定心丸"。

深化政务服务改革旨在形成三部门协同治理框架,目标是构建有限、有为、有效的法治阳光服务型政府。无论从全面深化改革的要求,还是从良性公共治理的趋向看,地方政府都需要加快发展更具竞争性的市场部门和具有重要社会治理功能的社会部门(如传统非营利性组织和新型社会经济组织形式——社会企业),以便它们与政府部门分工协作、互补互动,共同构筑政府、市场和社会三部门协同治理的现代化治理体系与框架。

因此,针对各地现实状况,深化以简政放权、"放管服"相结合为主要内容的政务服务改革,首先,要对政府部门适当做进一步的"减法",并同时对市场部门和社会部门做相应的"加法",以充分发挥企业组织和社会组织在经济社会包容性发展与公共治理中的积极功用。其次,为了有效地发挥政府部门有限的有为作用,充分激活微观主体的发展潜能与创造力,还需要在广泛的社会调研基础上,在已公布的"五大清单"基础上,进一步优化清单"内容",减少不必要的审批与干预内容,给微观主体更大的自主权与灵活度,同时把政府有限的资源集中到"更有效"的事情上,如放权后的事中事后监管职能、兜底保障性公共服务供给职能等,真正做到不缺位、不越位、不错位。

总之,深化政务服务改革,同样要把"放手"当作最大的"抓手",

同时又"不甩手",而是"腾出手"来"补短板",并通过监管方式、服务方式改革优化,更加有效地发挥有限的政府有为作用,真正打造法治阳光服务型政府。对深化政务改革、优化政府服务提出以下对策建议。

第一,在审批服务方面,进一步缩减审批事项。亦即需要调动各地各部门、通过各种途径与方式开展社会调查,在广泛了解社会需求的基础上,从根子上换位思考现存的各种审批事项到底是否有存在的必要,尤其是行业准入类审批项目。

第二,在经办服务方面。一是可以借鉴公司做法,对相关服务机构与网络进行纵向横向整合,既发挥规模经济效应,又适应微观主体跨区跨界经营以及民众的正常流动,还可以利用淘宝平台技术,开发监督评价功能;二是按照新公共管理理论的效率导向原则,积极培育并引入社会力量,通过竞争机制提高经办服务效率。

第三,在公平环境营造方面。一是保证政府公共服务的可及性与公平性,防止重视重点服务对象而忽视可能成长起来的更有潜力的小微对象,亦即在保证公共服务公平可及的基础上,实现公正而又有差别的对待;二是积极利用当前高压反腐的有利形势,积极推进行政性垄断行业、资源控制类行业以及阻碍新经济、新业态发展的传统行业的改革开放,为社会资本进入行业发展提供多样化产品和服务以及公平发展与竞争机会。

第四,在政务服务改革创新方面。不仅可以总结提炼浙江等省份的有效做法,还可以加强对各地各部门有益的政务服务改革创新做法的鼓励,并将其推广到其他地区和部门,形成有效的标杆示范效应。

第四节 案例分析：
链长制是双循环下地方政府的产业政策创新

近年来，各地如火如荼地推出了"链长制"，它是由地方政府在双循环新发展格局下为应对环境的重大不确定性所发明的、具有中国体制特色的地方产业管理制度的突破性创新。尽管这一制度在实施伊始，理论界的看法和褒贬就很不一致，如有些人认为这一制度是恢复对企业微观经济活动的行政干预，甚至可能是新计划经济出现的信号。但是，链长制本质上并不是要求政府去主动干预企业的人财物、产供销等微观经济活动，而是地方政府在双循环新发展格局下，要更好地发挥行政协调机制的作用，如在这次防疫抗疫期间，以产业链为中心协调各地复工复产被证明是特殊条件下最有效的办法。在产业链发生松动，甚至断裂的情况下，由政府出面协调分布于各地区的产业链环节的活动，以及生产要素的及时供应，等等，为中国经济迅速恢复增长能力立下了汗马功劳。

一、链长制出现的背景

链长制的出现，并非偶然事件，而是由中国经济发展过程中诸多因素综合作用的自然结果；是为了形成双循环新发展格局，基于弥补"市场失灵"维持市场机制正常运行的合理需要，并不能表明是政府在释放要加强对微观经济活动进行行政干预的信号。可以从以下三个层次绘制链长制形成及发展的图景。

第一,开发区发展模式的转型与升级。随着国内外经济形势的变化,开发区内制造企业的产业转移和产能被动外迁,导致产业链空心化的风险不断加剧。在这样的背景下,按产业链运行的规律去优化产业发展环境显得尤其重要和必要,如调整开发区的形态和布局,推动开发区创新驱动发展,健全开发区公共设施和服务体系,做好开发区投资促进工作,完善开发区土地利用机制等改革和创新需要,为链长制的出现和推进吹响了行动的"前哨"。

第二,新冠疫情下保产业链、供应链的稳定。这次新冠疫情暴发对我国产业产生了深远影响,在本次全球防疫抗疫的过程中,为了对冲疫情对产业链的冲击、维护全球供应链的安全性和稳定性,各地在强调运用以产业链为中心协同各地复工复产工作机制的同时,迅速出台方案推行由各级首长负责协调的产业链链长制。

第三,后疫情时期全球产业链的重塑趋势。新冠疫情将会进一步加剧世界各国对过去那种"全球生产、全球营销"形式的经济全球化的怀疑态度和倾向,疫情后各国可能会采取措施鼓励企业内向化发展,约束本国企业的跨国投资和布局,致使产品内分工度即经济全球化水平倒退,全球产业链和供应链可能会发生大面积的、普遍性的脱钩与断裂。由此可见,我们必须未雨绸缪,从战略上、体制上、机制上做好全球产业链重组安全防范的顶层设计和总体安排,链长制完全可以视为其中一项重大的决策部署。

二、链长制:地方主导型产业政策创新和演变的重要方向

改革开放以来,按照"规划—项目—配套政策"的逻辑,我国各级地方政府形成了规模庞大、形式多样、内容复杂的产业政策。从

这种地方主导型产业政策的实施效果来看,因其不断地调动和释放了地方政府这种"准市场主体"的增长积极性,对推动我国经济超高速增长等发挥了不可或缺的作用。但时至今日,这种极具中国特色的地方主导型产业政策,在形态上依然保留着大量的对微观经济的干预权力,由此带来对市场机制扭曲的负面效应等问题也在不断显现,如以邻为壑、地区分割形态的区域经济的非一体化,地方债务危机,产能过剩,等等。在推动形成双循环的新发展格局下,过去那种"增长主义"导向的地方性产业政策,应该让位于追求增长效率和发展质量的产业政策目标,当前重点是要解决全球产业链重组和脱钩背景下的产业链供应链稳定问题,而从中长期看则要重点推进全球产业链集群的建设,以应对下一轮全球竞争的新形态。链长制就是地方主导性产业政策从功能和形态上的一次突破性探索,其调整的方向和思路表现为:

第一,链长制与政府职能的转型。归根结底,链长制还是一个在资源配置中如何让市场机制起决定性作用同时更好地发挥政府作用的根本性问题。从这个意义上讲,链长的作用不能无限放大和延伸,从而陷入"全能政府"的陷阱。因此,链长的作用范围和强度,应从直接干预削弱到有限干预程度,大幅减少甚至取消行政"指令""决定""管制"等直接干预性手段,从干预市场、替代市场的政策模式,逐渐转到政府与市场相协调的模式上来,逐步做到"政府的归政府,市场的归市场"。

第二,链长制与产业政策调整的思路。过去,地方政府会通过手中掌握的财政、金融、地方资源、地方政策法规等各种手段,从不同的途径、以不同的方式来干预企业经营行为,以支持某类行业或某些企业的发展。从产业政策逻辑演进的角度来看,既往政府执行得"得心应手"的这种宽范围、多形式、大规模的选择性产业干预政策,应让位于旨在以保护竞争、促进企业创新、优化营商环境为核心的产业政策。

第三,链长制与产业政策治理机制的全新探索。链长作用的发挥,应从"封闭运行"转为"多元参与",通过建立官民协调、多方利益主体共同参与的产业政策制定机制,更好地听取各个市场经济主体"董事长"以及社会团体"会长"们的意见,避免由链长直接出台相关政策,进而形成有效、合理的产业政策,也充分反映利益相关者的诉求,调动各方的积极性,提高政策的实施效率。

第四,链长制与区域政策协调的再思考。为了地方利益、部门利益和个人利益的最大化,地方政府和专业管理部门所代表的利益集团会积极干预政策的方向,促使产业政策偏好本区域、本领域的产业。链长制应以形成具有全球竞争力的全产业链为中心,在较高的层面协调分布于不同地区、具有不同所有制构成的产业链内的企业之间的关系:一方面,树立全产业链"一体化"发展的意识和"一盘棋"思想,处理好产业链局部环节和整体链条发展的关系;另一方面,地区间应建立多样化沟通渠道和平台,在积极配合国家战略部署,发挥链长制对面临具备产业技术封锁威胁的先导产业、新兴产业的前瞻性、引导性、推动性和发展性方面,结合本省的实际情况,实施错位发展。

第五章　长三角一体化发展的空间载体

改革开放以来,农村经济体制改革释放了我国城镇化的"制度性红利"。根据全国人口普查数据,我国城镇化率由 1982 年的 20.9%上升到了 2020 年的 63.9%。短短 40 多年,我国已经完成了西方发达国家上百年的城镇化发展历程。但是,这种快速发展的城镇化也不可避免地带来了一些新情况,比如土地收益分配不公、城乡收入差距扩大、社会冲突加剧等[1]。在此背景下,"新型城镇化"战略思想应运而生,即坚持走中国特色新型工业化、信息化、城镇化、农业现代化道路,推动信息化与工业化深度融合、工业化与城镇化良性互动、城镇化和农业现代化相互协调,促进工业化、信息化、城镇化、农业现代化同步发展[2]。新型城镇化的本质是要实现人的城镇化,由过去那种片面追求城市规模扩张向进城人口的市民化转变。这将为长三角一体化发展提供坚实的空间载体。

---

　[1]　北京大学国家发展研究院综合课题组. 还权赋能——成都土地制度改革探索的调查研究[J]. 国际经济评论,2010(2):54~92,5.
　[2]　中国金融四十人论坛课题组. 城镇化转型[M]. 北京:中信出版社,2015.

第一节　长三角地区新型
城镇化推进缓慢的特征性事实

　　长三角地区作为中国经济最发达的地区之一,也是人口和城市分布最为密集的地区之一。早在 20 世纪 70 年代,法国地理学家简·戈特曼(Jean Gottmann)就将该地区列为第六大世界级城市群,英国城市地理学家彼得·霍尔(Peter Hall)也认为该地区的强劲发展态势,使之很快可以与美国东北部、北美五大湖、日本太平洋沿岸等城市群相媲美[1]。然而,长三角地区内部区域发展极不平衡。这种发展的非平衡性,不仅不利于长三角地区经济的健康持续增长,也会影响新型城镇化进程。

一、户籍人口城镇化仍大幅低于常住人口城镇化

　　通常而言,用城镇化率这一指标来衡量一个地区的城镇化水平,是较为普遍的一种方法。根据国家统计局标准,城镇化率是按常住人口计算的城镇人口占总人口之比,反映了一个地区常住人口中有多少人居住在城市。但是,很多城镇常住人口并没有城市户籍,也就不能获得与城市户籍相挂钩的一系列诸如教育、劳动就业创业、社会保险、医疗卫生、社会服务、住房保障、文化体育等公共福利和社会保障。表 5-1 显示了 2005—2021 年上海、江苏、浙江和安

---

[1]　方创琳, 姚士谋,刘盛和. 2010 中国城市群发展报告[M]. 北京:科学出版社, 2011.

徽的户籍人口城镇化率和常住人口城镇化率。从表中可以发现,上海的城镇化水平要远远高于长三角地区的其他省份。2014年,上海市户籍人口城镇化率和常住人口城镇化率分别达到90.32%和89.60%,均位列全国第一。然而,安徽省的城镇化水平却与此形成鲜明对比。2014年,安徽省户籍人口城镇化率和常住人口城镇化率分别仅为22.69%和49.15%,远低于全国平均水平。同时,除上海之外,江苏、浙江和安徽三地的户籍人口城镇化水平均远不及常住人口城镇化水平,特别是2011年以来,安徽的常住人口城镇化率虽然呈现出快速上升趋势,但其户籍人口城镇化率却出现了一定程度的下降。因此,从总体上看,长三角地区户籍人口城镇化水平仍然大幅低于常住人口城镇化水平。

表5-1 2005—2021年长三角地区户籍人口城镇化率和常住人口城镇化率(%)

年份	上海市		江苏省		浙江省		安徽省	
	户籍人口城镇化率	常住人口城镇化率	户籍人口城镇化率	常住人口城镇化率	户籍人口城镇化率	常住人口城镇化率	户籍人口城镇化率	常住人口城镇化率
2005	84.46	89.09	43.33	50.50	27.53	56.02	20.99	35.50
2006	85.76	88.70	44.43	51.90	28.34	56.50	21.74	37.10
2007	86.81	88.70	45.74	53.20	29.00	57.20	21.98	38.70
2008	87.46	88.60	47.26	54.30	29.77	57.60	22.23	40.50
2009	88.25	88.60	49.94	55.60	30.40	57.90	22.33	42.10
2010	88.86	89.30	50.77	60.58	30.94	61.62	22.71	43.01
2011	89.32	89.30	54.09	61.90	31.41	62.30	22.90	44.80
2012	89.76	89.30	55.99	63.00	31.70	63.20	22.85	46.50
2013	90.03	89.60	57.43	64.11	32.02	64.00	22.92	47.86
2014	90.32	89.60	60.14	65.21	32.52	64.87	22.69	49.15
2015	—	88.53	—	67.50	—	66.32	—	50.97

续表

年份	上海市		江苏省		浙江省		安徽省	
	户籍人口城镇化率	常住人口城镇化率	户籍人口城镇化率	常住人口城镇化率	户籍人口城镇化率	常住人口城镇化率	户籍人口城镇化率	常住人口城镇化率
2016	—	89.00	—	68.90	—	67.72	—	52.62
2017	—	89.10	—	70.20	—	68.91	—	54.29
2018	—	89.13	—	71.20	—	70.02	—	55.65
2019	—	89.22	—	72.50	—	71.58	—	57.02
2020	—	89.30	—	73.40	—	72.17	—	58.33
2021	—	—	—	73.94	—	72.70	—	—

注:户籍人口城镇化率数据仅统计到 2014 年,故 2015 年后的数据缺失。
数据来源:Wind 数据库。

二、土地城镇化仍快于人口城镇化

在城镇化进程中,一些城市"摊大饼"式扩张的现象屡见不鲜,造成城市规模不断扩张的同时,城市人口的集聚程度却不高。图5-1 分别描绘了上海、江苏、浙江和安徽的建成区面积及城市人口密度[1]。从图中可以看到,长三角地区各省市的城市建成区面积呈现持续扩大的态势,三省一市的平均值从 2004 年的 1417 平方公里持续增加到 2014 年的 2336 平方公里,10 年间增长了 65%。其中,江苏的城市建成区面积总量和增速都是最大的,浙江、安徽次之,上海最末。然而,长三角地区整体上的城市人口密度却呈现出恰恰相

---

[1] 此处城市人口密度用每平方公里建成区面积上的人口数量进行衡量。其中,假设当地农业户籍人口全住在非建成区(农村),常住人口除开当地农业户籍人口全住在建成区,那么建成区人口大致等于当地常住人口减去当地农业户籍人口。

反的趋势。根据图5-1,除上海的城市人口密度自2008年以来有所上升之外,江苏、浙江和安徽的城市人口密度均出现了不同程度的下降。从2004年到2014年,江苏的城市人口密度从14428人/平方公里下降至12182人/平方公里,浙江从9058人/平方公里降至8955人/平方公里,安徽下降得最严重,由11951人/平方公里下降至3928人/平方公里。即使从2010年算起,江苏、浙江和安徽的城市人口密度降幅也依次达到了5.0%、12.1%和14.1%。因此,大量地通过"人为造城"来快速推进土地城镇化,忽视了人口和经济活动的集聚规律,导致城镇化的核心——人口城镇化严重滞后,而且土地城镇化这种粗放而低效的土地利用方式,也造成土地资源的严重浪费。

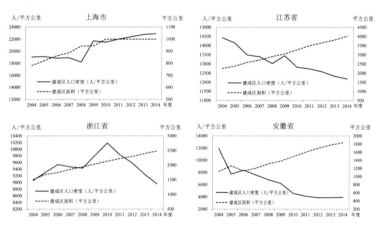

图5-1 长三角地区的城市建成区面积与人口密度

数据来源:国家统计局和Wind数据库。

三、城镇化容易沦为房地产化

从各地推进城镇化建设的实践来看,行政手段的选择偏好仍然强于市场手段。比如多地进行的行政区划调整,频频通过"并区"
"撤县设区"等,进行大规模的征地拆迁、新城开发,利用房地产来维
持土地财政。据统计,仅江苏一省,2009 年以来就已发生 10 例"撤
县并区",其省会城市南京已经成为江苏境内首个"全区化"的城市。
但问题是,一方面,在目前的土地制度框架下土地行政性供给,资源
配置欠佳。另一方面,在缺乏企业培育和产业支撑的三四线城市,
许多所谓的产业新城看起来是在推进城镇化建设,实质上却是以城
镇化为名进行房地产开发,这样的"被城镇化"导致了大量房地产库
存积压,造成了经济发展的严重结构性失衡。表 5-2 列示了长三角
地区三省一市的城镇固定资产投资完成额中房地产开发占比。从
表中可以看到,进入新世纪以来,房地产开发投资占比整体上呈现
较大幅度的上升趋势,长三角地区均值接近全部城镇固定资产投资
的三分之一。其中,上海的房地产开发投资占比最高,2015 年已经
超过 50%。值得注意的是,近几年来,长三角地区的房地产开发投
资增速有所放缓,背后其实是国家近些年对一二线城市持续实施的
楼市调控政策在房地产开发投资增量上的反映,而房地产开发投资
存量依然巨大。如果推进新型城镇化过程中某些地方政府过于急
功近利,而房地产开发中巨大的存量投资又调整不到位,新型城镇
化很可能会沦为房地产化。

表 5-2　长三角地区城镇固定资产投资完成额中房地产开发占比(%)

年份	上海市	江苏省	浙江省	安徽省	长三角地区均值
2001	31.46	14.68	19.22	12.43	19.45
2002	33.83	15.77	20.96	13.64	21.05
2003	36.06	15.48	20.68	16.96	22.29
2004	38.54	19.37	22.40	18.10	24.60
2005	38.98	24.85	30.44	21.60	28.97

年份	上海市	江苏省	浙江省	安徽省	长三角地区均值
2006	36.47	25.49	29.00	20.90	27.96
2007	32.32	27.46	30.38	20.07	27.56
2008	32.59	28.46	30.88	22.91	28.71
2009	31.65	23.40	30.24	21.02	26.58
2010	42.78	24.69	35.85	21.90	31.30
2011	45.44	21.16	30.31	21.75	29.66
2012	46.56	20.37	30.57	21.09	29.65
2013	49.96	20.12	30.78	21.81	30.67
2014	53.33	19.83	30.83	20.41	31.10
2015	54.63	17.76	26.67	18.59	29.41

数据来源:Wind 数据库。

第二节　新型城镇化推进缓慢的关键原因

新型城镇化的战略构想,为何会推进缓慢?究其原因,城镇化固然是一项长期而且复杂的工程,但在其推进过程中不能仅就城镇化本身,而必须考虑到与之紧密关联的户籍制度、土地制度、财税制度的联动改革,否则,城镇化的推进工作必然举步维艰。实际上,新型城镇化的本质在于人的城镇化,即促进人口集聚,实现农业转移人口市民化。在这一过程中,农村劳动力能够自由流动是关键,但这一关键性条件却受制于当下的一系列规定,难以真正地发挥出积极作用。

一、人口流动中的户籍限制

自 1958 年政府颁布了《中华人民共和国户口登记条例》，一套较完善的户口管理制度就被确立起来，其以法律形式严格限制农民进入城市，限制城市间人口流动[1]。直到改革开放之后，这种户籍制度才逐渐进行了多种形式的改革，如 20 世纪 80 年代中期的小城镇自理口粮户口及当地有效城镇户口改革、居民身份证制度试行、20 世纪 90 年代交钱办"农转非"，以及进入 21 世纪后的户口一元化改革试点等[2]。随着市场化转型不断推进，越来越多的农村及城镇人口开始流向大中城市，这种非正式的户口迁移方式使得他们能够以临时工、合同工及农民工身份在城市里照常生活，户籍差异似乎变得不那么重要了。

但问题是，没有户籍意味着那些在城市生活的农村转移人口不能拥有与城市居民相同的公共福利和社会保障，其教育、劳动就业创业、社会保险、医疗卫生、社会服务、住房保障、文化体育等各方面都会受到不同程度的社会歧视。比如在就业方面，城镇户籍人口在劳动力市场上具有非常明显的优势，不管是工资还是工作岗位，均表现出对非城镇户籍人口的差异性质[3]。特别是对一些所谓的"体制内"企业而言，农村转移人口要想挤入这些国有企业是非常困

[1] 蔡昉,都阳,王美艳. 户籍制度与劳动力市场保护[J]. 经济研究,2001(12):41-49,91.

[2] 陆益龙. 户口还起作用吗——户籍制度与社会分层和流动[J]. 中国社会科学,2008(1):149-162,207-208.

[3] Zhang H. The Hukou System's Constraints on Migrant Workers' Job Mobility in Chinese Cities[J]. China Economic Review, 2010, 21(1): 51-64.

难的,相比较而言,他们大多流向了"体制外"企业,一般以小型民营企业居多。又比如在社会保险方面,现有制度普遍的规定是,一个外来劳动力必须在工作地缴费 15 年后方能享受养老保险,如果未满 15 年便离开工作地,只能退保,但退保时职工只能带走个人账户中个人缴纳的累积金额,而企业缴纳的统筹部分则无法带走,这对外来劳动力而言是不小的损失[1]。由此可见,城乡二元分割的户籍管理制度显然是导致新型城镇化推进缓慢的最直接原因。已有研究证明,放松户口管制所带来的劳动力流动,能够显著提升中国市场内在需求[2]。倘若户籍限制能够全面放开,不仅能够提供城乡统筹发展、让更多人分享改革开放成果的机遇,而且所带来的增长潜力,也能够为中国经济的持续增长提供重要动力[3]。

二、"钟摆式"迁徙下的土地依赖

尽管自 2014 年国务院公布了《关于进一步推进户籍制度改革的意见》,标志着我国二元户籍制度改革正式拉开帷幕,但截至目前,户籍制度改革推进速度相对缓慢。国务院发展研究中心副主任王一鸣表示:"一方面,相当一部分地区实行城乡统一的户口登记制度,但成为'市民'的农村居民并没有获得当地相应的最低生活保障、保障性住房等公共服务。另外,一些城市在推进一体化时,仅针

---

[1] 陆铭. 玻璃幕墙下的劳动力流动——制度约束、社会互动与滞后的城市化[J]. 南方经济,2011(6):23-37.

[2] Bosker M, Brakman S, Garretsen H, et al. Relaxing Hukou: Increased Labor Mobility and China's Economic Geography[J]. Journal of Urban Economics, 2012, 72(2): 252-266.

[3] 都阳,蔡昉,屈小博,程杰. 延续中国奇迹:从户籍制度改革中收获红利[J]. 经济研究,2014,49(8):4-13,78.

对当地农村居民,而不包括外来农村居民。"[1]实际上,户籍制度改革推进过程中所遇到的这种挑战,是完全可以料想得到的,因为与农民息息相关的土地制度改革不到位,必然会制约户籍制度改革。

为什么我国农村劳动力的迁移不是永久性的,而是呈现出"钟摆式"的流动模式?在现行土地制度下,农民个体对土地是没有所有权的,而只有使用权,这就决定了其无权出售和抵押土地。但随着经济的迅速发展,土地所产生的农业收入在农户家庭收入中所占的比例越来越小,而非农收入,尤其是外出务工收入的比例逐渐上升,从而土地由农民的主要生产要素演变为提供保障和抵御风险的资产[2]。在这种情况之下,尽管土地对于农民的要素生产功能减弱了,但其社会保障功能的强化使得农民不可能放弃对土地的依赖。另一方面,农村集体所有的土地产权又容易造成土地权属关系不明晰,导致即使有农业转移人口愿意放弃土地,但其应该得以补偿的土地权益却得不到有效保护,这又进一步加剧了农村劳动力永久性流入城镇的困难。而且,从宏观层面上看,保护18亿亩耕地是我国土地政策的红线,因而对建设用地指标采取严格审批和规划,明确限制土地跨省(市、区)间的占补平衡。这一规定限制了城乡统筹的跨区域土地交易市场的建立,进而导致农村土地不能直接进入城市建设用地市场。但是,城镇化过程中的级差土地收益规律却是客观存在的。在这种情况下,农民不仅不能分享城市集聚带来的发展成果,而且低价征地还损害了农民的既有利益,新型城镇化将必然受阻。

---

[1] "十三五"将加大户籍改革 管理目标"一国一制"[EB/OL]. (2015-10-19). http://finance. people. com. cn/n/2015/1019/c1004-27712022. html.

[2] 蔡昉. 劳动力流动的政治经济学[M]. 上海:上海三联书店,2003.

三、"土地财政"模式不可持续

上述分析表明,城乡二元化的户籍分割制约了农业转移人口的市民化,而农民与土地的紧密依赖关系,又进一步加剧了这种制约。但实际上,户籍和土地制度制约只是表面现象,隐藏在这之下的社会公共福利分割才是导致人口城镇化滞后的根本障碍。但是,构建城乡统筹的社会保障体系,实现城乡公共服务均等化,需要有合理和高效的财税体制来支持。因此,"土地财政"成了城镇化的主导。虽然"土地财政"部分地缓解了地方政府财力的紧张局面,但这一模式很难持续。这一方面是因为强化审批管制与提高补偿标准急剧拉升着征地的成本;另一方面,后备土地资源存量是有限的,单靠卖地来驱动城市的平面扩张,不仅造成土地资源利用的集约化程度低,严重浪费了稀缺的自然资源,而且也导致"土地财政"的基础愈加单薄。更为严重的问题是,"土地财政"还酝酿着庞大的债务风险。以土地为杠杆借债融资,以土地为诱饵吸引投资,再通过土地出让获得收入,这一通过"时间换空间"的土地经营城市化方式,可能由于国内外经济形势的变化而暴露出巨大风险[1]。因此,推进新型城镇化,必须摆脱"土地财政"的两难困境。

---

[1]　何杨,满燕云. 地方政府债务融资的风险控制——基于土地财政视角的分析[J]. 财贸经济,2012(5):45-50.

第三节 新型城镇化助推
长三角一体化发展的逻辑与建议

长三角城市群作为实现区域一体化发展的载体,通过各城市之间形成定位准确、分工明确、功能互补的城市群落,有助于推进新型城镇化建设中的劳动力、土地和资金需求的紧密协调。我们认为,以全球性城市的上海为首,串联起南京、杭州、合肥三个省会城市而形成的长三角城市群,其覆盖面广、纵深度高的梯度格局,为构建现代化产业体系提供了良好的空间支撑,城市群内的要素集聚功能与配置功能的协同将加速推进长三角一体化发展。

一、产业集群带动人口集聚

现代化产业体系下的产业集群,不仅具有更加高级的生产制造工艺,而且在创新设计、品牌营销、流通管理等各个环节,融入消费者定制偏好,从而引致更多的终端需求;与此同时,农业、工业和服务业之间的良性互动,也将产生大量的中间需求,反过来也促进现代化产业体系的规模增加和等级提升。但是,如果城乡之间二元化的户籍分割严重,那么无论在生产方面还是在消费方面,仅仅依靠现有的城市人口,不可能支撑现代化产业集群所要求的劳动供给和商品消费。因此,长三角城市群要向世界级城市群迈进,产业集群必须带动人口集聚,即必须有足够的农村转移人口真正融合为城市人口。正是基于这种认识,《长江三角洲城市群发展规划》才明确提出,要以产业升级调整人口存量、以功能疏解调控人口增量,引导人口加快向"外围城市"的重点开发区域集聚,推动人口区域平衡发展。还有一个是要素集聚中的优化配置问题。要素和发展能量向长三角城市群高度集聚,物流、人流、信息流、资金流在该地区交汇,演化为大中小城市和小城镇一体化发展的"长三角模式"。这一模式的最大优点就是内部的资源共享和优势互补:一方面,教育、劳动就业创业、社会保险、医疗卫生、社会服务、住房保障、文化体育等能够实现统筹协调和多元共享,其正外部性有利于降低基本公共服务均等化供给成本;另一方面,推进基本公共服务均等化,并非简单的平均化,而是促进机会均等,而城市群多层级、强辐射的地理空间体系,意味着不管是高端人才还是普通农民工,都能在其中发挥比较优势,从而获得安身立命的机会。基础设施共建共享、公共服务统筹协调是长三角城市群发展的内在要求。

二、要素集聚和配置功能的协同

这种协同要求长三角城市群的组织进行重构,即从过去那种行政化、命令性的"垂直式"自上而下结构,转化为以市场自组织机制协调为主的"扁平化"多中心网络结构[1]。一般认为,行政利益边界是阻碍长三角城市群协同发展主要的体制机制问题。这种分割不仅仅存在于相同行政级别的城市之间,而且也常常发生于上下级政府之间。不可否认,过去那种纵向垂直式结构在树立上级政府权威、集中决策权、决策执行力等方面占有独到的优势,但同时也极易

---

[1] 刘志彪.扬子江城市群协同发展的框架与基本战略[EB/OL].(2016-10-31).
https://idei.nju.edu.cn/17/46/c26391a530246/page.htm.

导致委托—代理问题,上下级政府之间通常面临的是一个信息不对称的环境,在隐藏行为的情况下,代理人(下级政府)可能从自身的利益出发,实施一些与委托人(上级政府)要求不一致的行为,产生道德风险问题[1]。这是极其不利于统一市场建设的,更不用说资源要素形成集聚和优化配置。但问题是,行政区划的实体边界是客观存在的,完全取消根本不可能,即使真的能够完全取消,也不是说统一市场就能立刻建立起来了。其中的关键在于政府有没有利用行政边界去干预市场。实际上,纵观世界上所有的市场经济发达国家,也几乎没有哪个是没有行政区划的。长三角城市群组织架构由"垂直式"向"扁平化"的转化,根本上也是市场经济规律使然。根据世界级城市群演化的一般规律,只有充分发挥市场配置资源的决定性作用,才能促进人口、土地和资金之间相互协调,从而增强城市群"质量型"发展的内生动力。

三、政策建议

实现农业转移人口市民化,内在地要求户籍、土地和财政制度必须进行联动改革,从而通过发挥人口、土地和资金之间相互协调效应,以此来推进长三角一体化发展。具体可以从以下五个方向进行努力:

第一,加快建立和完善全民统一的居住证制度,剥离与户籍挂钩的利益分配功能,推进基本公共服务均等化。在以城市群为主体的城镇格局中,户籍制度全面放开和城乡基本公共服务均等化的改

革步子可以迈得大一点、快一点。尤其要注重发挥长三角城市群内各大中小城市和小城镇的人口经济集聚能力,让劳动力在地区间流动不再基于教育、医疗卫生、社会保障等公共服务差异,而是基于提升劳动生产率的需求。

第二,全面落实农村土地确权工作,尽快建立农村产权流转交易市场,探索城乡建设用地指标跨区域互换机制。由于历史原因,大量农村土地进行确权的难度非常之大,尤其是城市与城市之间地带的土地权属极为复杂,这就要求各地农发局、林业局、土地局和房产局等多个政府部门进行协调,切实为农民提供确权登记服务。在此基础上,可以通过修改《土地管理法》,从法律上进一步完善"三权"分置制度,促进农村"三块地"(即农用地、农村集体经营性建设用地和宅基地)在以城市群为主体的城镇格局下实现自由流转,并且试点放开城乡建设用地指标互换的跨区域"占补平衡"的限制。

第三,主动改革财税体制机制,考虑在城市群内实施全面的财产税,积极研究针对所有财产及其保有、获得、转让等各个环节应该征收的合适税率,从而拓宽税基、稳定税收。同时,也应该相应地加大中央财政对地方财政的转移支付力度,提高县域增值税分成比例,推行消费税共享政策等。另外,针对城市群内由于行政壁垒可能产生的税收政策边界问题,一方面需要中央政府进一步简政放权,赋予作为新型城镇化建设主体的地方政府足够的制度创新优先权;另一方面,也需要地方政府之间建立常态化的议事协调机制,商议统一的税收管理政策。

第四,改革地方政府官员绩效的考核体制,构建涵盖经济总量增长、人均增长、生态环境保护等多元化的综合考核机制,并且针对不同地区的城市群或者城市群内部不同层级的城市(镇),对指标考核赋予相应的权重。这样一来,才能保证新型城镇化沿着集约、高效、质量型的道路推进。

第五,坚持市场主导、政府引导的基本原则,处理好政府与市场的关系,使市场在资源配置中起决定性作用,更好地发挥政府作用。以城市群为主体构建大中小城市和小城镇协调发展的城镇格局。一方面,必须尊重市场规律,合理地利用这些规律,包括城市经济集聚规律、级差土地收益规律等,这会有助于大幅降低城镇化建设成本;另一方面,政府更好发挥作用的标准是不缺位、不越位、不错位,通过建立和完善负面清单制度来"放手",把工作的"抓手"放到提供优质公共服务和营造良好制度环境上来。

第二篇

长三角勇当我国
科技和产业创新的开路先锋

第六章　创新驱动的长三角一体化发展

当前,新一轮科技革命和产业变革加速演变,贸易博弈不断升级,尤其是新冠疫情在世界蔓延使得全球产业链、供应链呈现加速重构态势,我国经济发展和产业升级面临巨大挑战,结构性矛盾越发凸显。在此背景下,要推动形成以国内大循环为主体、国内国际双循环相互促进的新发展格局,实现高质量跨越式发展,必须培育经济增长的新动能,根本在于创新驱动,提高劳动生产率和全要素生产率。实际上,从长三角三省一市创新发展实践来看,沪苏浙皖可以各展所长、各尽其能,组建具有特色优势的协同创新发展平台,打造更加开放、包容的创新生态系统,扮演长三角一体化高质量发展新引擎的角色,进而成为全国科技和创业创新的开路先锋。

第一节　发展战略的转型与经济增长动力的重塑

改革开放后,我国作为现代化的追赶者,充分发挥后发优势,大力推进原始创新、集成创新和引进消化吸收再创新,着力突破制约经济社会发展的关键技术,吸取其他国家发展的经验教训,基于本国国情走出一条中国特色新型工业化道路,以前所未有的速度,创造了举世瞩目的"中国奇迹"。如今,我国已成为世界第二大经济体和世界贸易、投资、科技、教育、文化大国,在世界现代化征途中的位置已经从跟跑转变为并跑、领跑。这意味着我国的后发优势正在减弱,继续发挥后发优势的经济环境和条件发生了重大变化;我国的先发优势逐渐增强,已经具备了塑造创新引领性发展的条件。

一、积极塑造创新引领性发展

塑造创新引领性发展,是跨越"中等收入陷阱"的需要。各国发展实践表明,跨越"中等收入陷阱"必须发展创新驱动型经济,向全球价值链高端攀升,实现新旧动能转换和结构调整。例如,韩国在跨越"中等收入陷阱"时,其人均专利数量是当时世界平均水平的6倍;而巴西处于中等收入水平时,其人均专利数量只有当时世界平均水平的1/5。创新能力不足是很多发展中国家困于"中等收入陷阱"的主因。1984年,钱学森在就《专利法》和"原创发明专利立国发展战略"的发言中,也提出必须尽快建立一套适合中国国情的"原创性发明的专利立国发展战略",作为富民强军的最长远和最高层次的国家战略来执行,才能使中华民族屹立于世界民族之林。这启示我们,避免落入"中等收入陷阱",必须实施创新驱动发展战略,塑造创新引领性发展。

塑造创新引领性发展,应引导和鼓励具备条件的地区积极推进战略转型,注重培育和发挥先发优势,集中资源重点发展能提升国家竞争力的战略性新兴产业,努力成为相关产业的领跑者。优化产业结构,培育良好产业生态,加强各产业的协同配套和集成,实现产业发展新跨越,培育强劲的经济增长新动能。长三角是全国科教资源最密集、创新源泉最充沛、产业基础最雄厚、开放程度最高的地区之一,在深化创新驱动发展上拥有独特优势,应当先行一步、当好示范。

塑造创新引领性发展,应掌握新技术源头。只有突破发达国家技术垄断壁垒,进入技术发展前沿,才可能从技术标准的遵守者和跟随者变成制定者甚至主导者。与模仿和学习追赶阶段相比,引领性发展阶段的基础研究及产业化过程往往要经历更长的时间、增加更多的投入、面临更多的不确定性、付出更艰苦的努力。这就需要我们保持战略定力和耐心,扎实开展基础性、前沿性、创新性研究,实施一批国家重大科技项目,在重大创新领域组建一批国家实验室。掌握新技术源头,就不会受制于技术路径依赖和技术先行者的技术控制,就能开拓更广阔的发展空间。

塑造创新引领性发展,应在产业核心技术和核心产业环节上获得国际竞争新优势。通过培育和发挥先发优势实现引领性发展,将会与原有技术垄断者发生激烈的研发投入竞赛、技术标准竞争和产业市场竞争。这种技术创新竞争,我国企业还没有高密度、大规模地经历过。要在这样的激烈竞争中由跟跑者变成领跑者,需要改变过去长期存在的技术依赖,在精准、大量、密集、高效的技术研发及产业化中建立自己的技术标准,进而努力主导国际标准制定,掌握发展主动权,增强国际竞争力。

二、长三角地区的创新模式

众所周知,在上一轮经济全球化浪潮中,长三角地区走的是通过吸收 FDI 进行出口导向的发展道路,发展经济学家们称之为"模仿学习"或"模仿创新"。具体内容主要有:一是利用较低的要素成本优势,形成较优的投资环境,吸收外国直接投资和制造业的转移。FDI 不仅给本地带来了产值、就业和税收,也给相关企业带来了先进管理技能和技术技巧方面的溢出。二是在全球价值链的低端接受跨国公司有关制造业外包的发包订单,通过技术学习不断地进行工艺流程升级和产品升级,最终试图通过功能升级,进入全球价值链的高端。三是通过运用包括引进、技术许可、模仿和"反求工程"等手段,进行有重点、有针对性的技术开发,即动态地模仿和跟踪国外先进技术,缩小与先进技术的差距,逐步掌握这种技术能力。

这种模式的优势在于,可以利用两种市场和两种资源,克服国内因收入差距所导致的市场陷阱,以及因研发和技能差距所导致的技术陷阱,从而凭借其要素成本优势,实现时空压缩化的经济成长。可以说,这是中国从闭关自守、自力更生走向开放化自主创新的必经阶段。这说明,在新一轮经济全球化的背景下塑造创新引领性发展,应该在区域创新格局中把模仿创新的发展引领方式,转型成为具有自主创新特征的新的引领发展模式。

第二节　构建支持原始创新的综合性激励机制

《长江三角洲区域一体化发展规划纲要》要求坚持高地共建,发挥区域中心城市科技创新资源集聚优势,健全共享合作机制,联合开展重大科学问题研究和关键核心技术攻关,共建科技创新平台,提升原始创新能力,构筑有全球影响力的创新高地。这既可以提高竞争的平台和门槛,把发展命运牢牢地掌控在自己手中,提高产业附加价值,也是为了鼓励中国企业为世界文明的进步提供更多的原创性成果。追求创新的原创性,对于把钱变为知识的基础科学研究的投入、运作体制、研究效率都提出了新的要求。同时,对把这些知识转化为金钱的应用开发研究也提出了极高的要求。对这两种性质不同的创新过程,科学家和企业家并不需要政府或经济学家告诉他们做什么、怎么做。其实政府也没有这个能力。政府只需要努力去构建基于"文化—制度—市场—技术"的综合性创新激励系统就可以了。

一、原创性的创新成果对制度的依赖更加深重

缺少制度创新的支撑,不可能有原创性创新大量涌现。以法治为基础的市场营商环境,是驱动创新实现原创性的主动力。一是在企业治理结构中,要有真正代表长远利益的决策支持体系,急功近利的短期眼界不可能孵化和衍生出需要长期打磨才能成功的原创性成果;二是要形成垄断竞争的市场结构,才能使企业既有竞争压力、又有竞争实力去长期从事艰苦的研究开发活动;三是要以法治保护和鼓励创新活动,如实施严厉的知识产权保护等。据日本著名经济学家、名古屋大学教授多和田真的观察和研究,在20世纪70年代以前,日本还不能说真正进入了创新驱动发展的轨道。在以后的日美贸易争霸战中,美国开始运用知识产权和专利保护制度,限制日本企业进行模仿和反求美国的技术,从而迫使日本企业开始重视知识产权和专利保护,才开始了艰苦的自主创新。可以说,专利和知识产权保护制度的大力贯彻和实施,才是驱使日本经济全面进入

自主创新轨道的真正压力和动力。正如党的十九大报告所说,建设创新型国家需要"倡导创新文化,强化知识产权创造、保护、运用"。

二、培育和扶植本国原创性成果大量涌现的市场基础

发达国家先进企业的原创性知识产权和品牌,最初都是依靠国内市场的不断成长,然后通过不断打开别人的市场而发育成长起来的。当今的中国市场已经对外资高度开放,但是对本土企业却有许多行政性的进入障碍。具有庞大市场潜力和现实市场容量的中国,难以培育出中国企业的原创性创新成果和品牌,实在是于理于情都说不过去的。从宏观方面来看,政府应该站到前台带头支持中国企业实施原创性成果战略:一是对政府的大宗采购项目,应该对国内民营企业所生产的优秀的、具有自主知识产权的品牌产品,按国际惯例实施倾斜支持政策。二是政府要努力建立国内统一市场,拆除市场壁垒和进入障碍,塑造培育和扶植本国原创性成果的市场基础。三是政府要鼓励有条件的国际代工利用国内市场需求,及时转换为具有原创技术和自有品牌的企业。四是社会要创造中国企业原创性成果形成的舆论条件和市场基础,政府高官和社会名流可以为中国优秀企业"做广告"。从微观方面来看,比国内市场规模因素更为重要的是国内需求的特质,用迈克尔·波特的话来说,就是要培养国内客户的挑剔度。当国内客户对产品或服务的要求是全球最挑剔也最精致时,企业会因此获得竞争优势。精致需求型的客户对厂商施加高标准的压力,激励厂商改善、创新、自我提升以进入更高级的市场区域。波特曾经举例说,日本消费者居住在小型、紧密的住宅,面对湿热的夏季与高成本的电力能源,这种近似于苛刻的

国内需求特质和环境,迫使日本厂商开发出小型、安静、省电的冷气机,开发出"短小轻薄"的产品,并随着日本节省型价值观流行世界,而逐步成为世界著名品牌。

三、民族文化认同和培植自信心的问题

发展中国家追求原创性成果存在着无数的障碍。其中主要的障碍来源于我们自身,来源于某些人特别是年轻人对西方流行文化的盲目崇拜。在很多国人的心目中,世界著名品牌总是与欧美的印象联系在一起的。在实际购买决策时,也主要优先选择国外的著名品牌。这些并不代表中国企业生产不出和欧美一样质量的产品,也不意味着在中国生产的欧美产品,在品质上与欧美当地生产的产品之间有什么不同。对世界著名品牌而言,品质只是消费的一个基本条件,制造地点和文化历史往往赋予它们更多的社会学含义,如原创性的设计思想、品牌想象力的历史感,以及品牌所代表的国家形象等。因此,长三角企业自创品牌的战略,并不仅仅是一个经济问题,也不仅仅是一个企业策略问题,而是一个更为复杂的民族文化自信心的重新塑造过程。此外,政府要把以规模、速度、产值为导向的经济发展观,真正转变为以技术、效益、品牌、竞争力为导向的经济发展观。因为前者必然会诱使国际代工企业继续追求产值,沉醉于产值巨大的"隐形冠军"而沾沾自喜,沉湎于"世界加工厂"式的"国际制造中心",陷于粗放型增长方式而不能自拔。

第三节　从国际代工企业向自主品牌企业转型

长期从事国际代工进行出口导向的长三角企业,现在都面临着产业链向全球价值链中高端攀升的问题。这是进入经济新常态后的一个重要的现实任务。迈向全球价值链的中高端,其背后的支撑是技术创新链的全面布局。当前,政府要求企业以自主知识产权为基础进行技术创新,发展自有品牌,实现产业升级,企业从宏观上往往都是理解的。但是从微观上来说,本土低附加值的贴牌生产企业(OEM)是痛苦转型发展自有品牌,还是安于现状继续做著名品牌光环下的幕后英雄,成为以规模取胜的"隐形冠军",往往是两难选择。实际上,在新发展格局下,基于内需来提升长三角的开放型经济发展水平,其主要目的是得到更多的全球智慧和资源为我所用,而全球智慧和资源主要是人力资源。创新驱动实质上是人才驱动。通过开放的包容性生态社会环境的建设,千方百计推进全球优秀人才向长三角地区移动和流动,是利用大国经济优势推进创新引领性发展的首要政策目标。

一、从 OEM 转型为自有品牌存在天花板

每个 OEM 企业都有发展自主品牌特别是国际著名品牌的梦。谁都知道品牌巨人的魔力,拥有自主品牌的企业便有了生命力。实践中,长三角许多企业都希望先用 OEM 扩大产量,有了规模后再逐步发展自有品牌。这条道路现在还走不走得通?撇开世界著名品

牌的市场空间过于拥挤、创品牌的成本过高这一现实,仅从 OEM 转型为自有品牌而言,其发展道路也是非常艰难和痛苦的。

第一,处于发包方的品牌厂商,就是 OEM 企业面临的一条难以跨越的坎。OEM 企业的转型,必然会与之发生激烈的利益冲突。由于 OEM 企业的战略转型,会使原先的合作者变成现实竞争者,发包商会说,今天我指导你技术,你帮我代工,可明天你学会了技术,就会做自有品牌来和我竞争,而且你的产品没有品牌的前期投入,价格一定比我更有竞争优势,你这样做,不是抢我的市场吗?他们会对你施加各种压力,会威胁你:如果你不退回去,这个订单我就交给别人去做。在品牌厂商的这种可信的威胁下,很少有长三角的 OEM 企业能够跨越这一步。

第二,OEM 企业要从原来的生产制造企业,顺利完成品牌的转型,技术开发、品牌建设、渠道建立与售后服务等都会成为它难以跨越的障碍。从生产制造的一种本领转变为研发和品牌运作等几种本领,并且彻底地玩转它们,对于相对后进的 OEM 企业来说,不仅缺乏经验,而且也缺乏必要的储备人才,因此是十分困难的。

第三,OEM 企业能不能撇开眼前利益,避开短期盈利和市场压力,抛开原先的品牌商去独立运作,往往也是有疑问的。比如做 OEM 时,企业可能有 10 亿元的订单,而其在发展自有品牌的初始阶段,它可能只有 1000 万元订单。面对如此巨大的利益差距,长三角的 OEM 企业往往很难拒绝做 OEM 订单。

第四,很多 OEM 企业认为,每个企业有它自己的核心资源和发展基础,OEM 企业的未来,也不一定非要朝一个方向发展。全世界的确有很多百分之百做 OEM 的企业,到现在发展得也很不错。如著名的台积电,从成立之初起就定义为专业的芯片代工厂。它曾经在自己的一家子公司尝试做自有品牌的内存,亏损的现实让它放弃了这个自有品牌,将该子公司纳入台积电的代工体系中,现在运营得也不错。这个观点是从企业的视角来看待问题的,如果换成长三角产业整体升级的视角,答案也许不见得正确。

二、发展自有品牌的三种创新路径

OEM 企业是否一定要发展自有品牌这个问题,不能用简单的"是"或"不是"来回答。如果竞争的市场空间和容量依然存在,而且如果某一特定企业具备发展自有品牌的各种资源和条件,那它就应该大胆地进行创新。具体的创新可能有三条路径。

第一条路径是 OEM 企业直接进入市场,独立地发展自有品牌。如果该 OEM 企业制造的产品所占据的份额足够大,它的制造能力在产品领域中有足够的话语权,那么它的制造能力和资金积累能力就能够支持它直接进入品牌经营领域。拥有所在产业的国际代工的话语权,是 OEM 企业进入该领域进行品牌经营的基础和前提条件。

第二条路径是 OEM 企业抓住市场变化中的新空间,避开原品牌商的竞争锋芒,发展新的适合自身的新品牌。当年的浪潮服务器给我们提供了案例。过去服务器都是世界大品牌,进入这个领域挤占一部分市场十分不易。不过,浪潮看到了近年来在线网络游戏十分火爆,很多人在玩在线网络游戏时都不希望掉线。因此,浪潮思考能否提供一天 24 小时不用关闭的服务器。浪潮抓住了网络在线游戏发展所带来的市场新空间,推出了网络游戏服务器,市场反应良好,销量与品牌快速增长。其实,这一服务器与普通的服务器并无太大的区别。

第三条可能的路径是通过改变技术,在既有的市场中挖掘新市场。OEM企业走这条道路的关键在于,进行技术创新,实行差异化竞争。战略的本质在于制造差异,而创造差异的基础在于改变技术依赖的路径和轨道。在既有市场中寻找到一个新的市场,关键是看OEM企业如何贴近消费者和市场进行技术创新。

现实中的长三角OEM企业与消费者之间距离往往太过遥远,它们对市场的感知能力并不敏感,要达到上述所说的悟性,绝不是一件简单的事情。毕竟许多企业只会OEM,一旦它选择了转型自有品牌的战略,绝对不是多了一个品牌的问题,而是多了一个复杂的经营管理体系。长三角OEM企业真正缺乏的是,如何将各种资源合理配置并且关联起来的能力。现在它们要做的最基本的一点,就是应该把企业实力做大,把技术水准做上来,把工人素质做上来,把产品质量做上来,把国际口碑做上来,把企业知名度做上来,企业品牌就会自然而然地形成。

因此很显然的结论是:长三角制造业通过创建原创性成果和品牌来实现整体的产业升级,这个阶段还没有全面到来。但这并不排斥某些产业领域中的先进企业在提高和稳定OEM订单的基础上,逐步实现从OEM向自主品牌企业的转化。实现这种转化,不仅需要企业不断提高学习能力、创新能力和累积组织能力,而且需要社会和政府为有条件的企业创造品牌经营的市场基础和需求条件,培植品牌企业所需要的文化自信心和制度条件等。

三、打造更加开放包容的创新生态系统

《长江三角洲区域一体化发展规划纲要》明确提出,聚焦关键共

性技术、前沿引领技术、应用型技术,建立政学产研多方参与机制,开展跨学科、跨领域协作攻关,形成基础研究、技术开发、成果转化和产业创新全流程创新产业链。因此,创新生态系统的开放性、包容性,从微观角度看,就是应该构建至少包含如下元素和特征的创新生态系统:

第一,把知识转化为财富的企业主体系统。企业是创新活动的真正主体,它是主导科技知识转化为商业化应用全过程的主要力量。这是一个需要远见卓识、能够承担风险的冒险活动。重大的、关键性的创新会在哪个方向上突破、是否能顺利地转化为新产品、能不能取得预期的商业成功,等等,都具有莫大的不确定性,也是政府难以预料和有效控制或引导的。发达国家的创新实践证明,以高技术企业为主体,使其与政府、高校、科研机构、金融部门之间形成开放的紧密型联系,形成有利于创新成果大量涌现的命运共同体,对于吸收源于高校、科研机构的原始基础创新的思想,对于企业酝酿颠覆式创新和改良式创新,对于研发出新产品、新服务、新产业、新业态,对于降低研发风险、有效促进科研成果的商业化,从而形成良性循环和持续发展格局,是至关重要的。

第二,最大限度地适应、回避创新风险的资本系统。并不是所有的货币和资本都对创新活动具有鼓励和包容性。一般来说,政府资金比较适合于孵化那种具有公共性和外溢性的前期科技创新成果,但其只能作为引导性的种子资金,而且不可能成为主体资金。商业银行资金适合于成熟产业的改良式创新活动,不适合具有高风险性质的前期科技成果的产业化活动。美国创新资本体系所具有的功能和优势,主要由私人的风险资本构成。如硅谷世界级 IT 企业的成长,主要得益于以市场为主导的风险投资体系;有时,政府和社会资本也会共同组成鼓励创新的资本体系。中国有自己的独特国情,让民间资本在创新发展中"唱主角",并不容易也不可能做到。长三角地区政府在未来的科技研发资助、初创企业培育等方面,将会扮演着极为重要的角色,从而形成政府、国家科研机构、大学、国企民企、风投资本、专业服务提供商等之间的以经济利益为纽带的紧密合作,各投资方积极参与从科技创新到商业化和产业化的全过程,形成一条独特的价值链。

第三,灵活高效的全球创新人才激励系统。党的十九大报告提出,要"培养造就一大批具有国际水平的战略科技人才、科技领军人才、青年科技人才和高水平创新团队"。关键是,怎么去吸引这类人才和建设这样的团队?从根本上说,收入多、平台高、成长机会多、创新氛围好,是人才引得进、用得好、留得住的关键因素。除了获取更高的工资收入外,优秀人才主要靠技术入股、股权奖励等获得持续收入。鼓励创新人才合理流动,营造宽容失败的创新文化环境,也是构成激励系统的要素。此外,还要为创新人才和创新活动建立健全完善的法律法规系统,直接为创新人员和活动提高保驾护航的功能。

第四,创新模式得以不断更新的动力系统。当今世界各国的创新发展模式,其利益呈现出多元化、多样性趋势。其中比较重要的变化,就是涌现出了大企业内部创业创新孵化机制以及创新中心培育等多种新模式。如大企业孵化的创业创新模式,就是在大企业内部建立创业机制,支持员工成立类似附属公司的小型自主创业团队。大企业以投资者的身份,帮助员工成立附属公司,如果创业团队失败,集团公司只损失有限的投资资金;如果创业成功,则集团公司有收购附属公司及其技术的优先权,使它成为内部的研发团队。

这一机制既降低了员工创业创新的风险,又激励了员工的创造力和积极性。

第五,建设全球创新链的分工系统。当今的创新生态系统已经形成了全球创新链的结构:创新型企业位于这个创新链的高端,通过技术研发和外包,去引领全产业的发展;外包的加工制造装配企业,则处于这个创新链的相对低端环节,它们往往处于全球综合成本最低的地区,帮助前者将理念、设计、点子等转化为具体产品。在这条创新链中,大学是这种全球创新分工体系中的核心要素。如美国硅谷周边区域,就拥有斯坦福大学、加州大学伯克利分校、加州大学圣克鲁兹分校等近 20 所名牌大学。它们所提供的大量高素质人才和高水平的科技成果,是美国创新生态系统形成和发展的关键因素。

第七章　长三角一体化
发展中的科技创新共同体建设

竞争与合作格局的不断演化,构成了当今世界区域发展的重要潮流。从经济全球化和区域经济一体化的发展进程来看,科技创新日益成为区域竞争的新焦点、区域合作的新内容和区域增长的新引擎。建设长三角科技创新共同体,是推进长三角更高质量一体化发展的重要组成部分,对于发挥各地区比较优势、优化科技创新资源区域配置、提升区域科技创新能力和产业竞争力,促进长三角地区经济高质量发展和落实长三角区域一体化发展国家战略部署具有重要意义。建设长三角科技创新共同体,打造世界级创新高地,支撑长三角一体化发展,必须正确认识长三角科技创新共同体的内涵及特征、建设的重点,并对建设长三角科技创新共同体的保障措施进行系统性思考。

第一节　长三角科技创新共同体的内涵及特征

一、创新共同体案例

通过"创新共同体"形式,增强国家间、地区间的科技创新资源共享与互动,是世界发达国家经济发展过程中的一个普遍现象。以欧盟为例,早在 20 世纪 50 年代初,欧洲合众国行动委员会就曾提出"欧洲技术共同体"(European Technical Community,ETC);1984 年开始实施研究与技术开发框架计划(Framework Programme for Research and Technological Development,FP),到目前为止已经发起过七次计划,当前正处于以"地平线 2020"为名的第八次综合框架协议计划阶段,主要以建立欧盟区域范围内统一的研究整体、保持欧盟的科技创新能力优势,提升欧盟工业企业技术竞争力,促进经济增长、扩大就业等为主要任务;2000 年"里斯本战略"提出建立欧洲研究区(European Research Area,ERA),旨在建设人才、资金和知识等可以自由流动的欧洲单一研发与创新市场;2010 年在"欧洲 2020"战略中又提出实施创新型联盟旗舰计划,在智能交通、可持续农业等领域启动"欧洲创新伙伴关系"(European Innovation Partnerships,EIP),旨在促进欧洲科技人员的合作和科研活动的统筹协调。从国家内部来看,美国的"旧金山湾区"依托硅谷的知识和资本,圣荷西的高技术产业群、奥克兰的传统工业和港口业,以及旧金山的专业金融服务等,构筑了一个"科技+产业+环境"的世界级科技创新共同体;英国的"大伦敦区"依靠市场力量和知识集聚,推动以创意、金融产业为代表的知识密集型产业迅速崛起,并通过区域协作与组合,形成多中心发展格局,构建了一个"知识+创意+市场"的世界级科技创新共同体。在国内,2007年深港两地就正式签订《"深港创新圈"合作协议》,全面推进和加强科技合作,包括人才交流和资源共享,使两地形成创新资源集中、创新活跃的区域。由此可见,长三角科技创新共同体的提出,遵循了国际、国内创新驱动发展的客观经济规律。

创新最早被认为是一个线性的过程,遵循在一个企业内部从基础研究到应用研究,再到产品开发的简单路径。随后的研究发现,单个企业的独立创新十分困难,而更多倾向于与其他相关企业、科研机构、银行、政府及其他中介机构等组织建立联系或合作的机制,以便交流、开发和获取各种知识、信息及其他资源。随后的研究又发现,实践中创新网络的成效似乎与创新主体的空间分布有很大关系,尤其是地理上的临近带来了维持并强化科技创新所需的重要支撑因素,如文化的认同和相互信任等。20世纪90年代,区域创新系统(Regional Innovation System,RIS)的概念得到了认同和发展,其定义为:由在地理上相互分工与关联的生产企业、研究机构和高等教育机构等构成的区域性组织体系,在这个体系内企业和其他组织通过根植性的制度环境相互学习并产生创新。创新概念的演变及区域创新系统的提出,为建设长三角科技创新共同体提供了理论依据。

二、长三角科技创新共同体

长三角科技创新共同体可以定义为:通过一定的组织和协议或

以一定的联合方式,推动长三角科技创新要素和活动在空间上突破行政区划界限,促进不同区域各种创新主体共同进行新知识和新技术的生产、扩散和应用,在更广阔的范围内实现科技创新资源的高效配置、科技创新优势的良性互补、科技创新效率和能力的显著提升。在此界定下,长三角科技创新共同体的特征应表现为:

(1)地域性。长三角科技创新共同体是以地域相连、人缘相亲、文化相通、经济相融的苏浙沪皖三省一市为空间载体。长三角科技创新共同体中创新主体是跨行政区域的,但彼此的关系是平等的,它们分工明确、密切合作,共同主导着长三角科技创新共同体的建设与发展。长三角科技创新共同体中创新资源也是跨行政区域的,但它们被充分整合、优化配置,能够从一个行政区顺畅地流动到另一个行政区,为整个长三角区域的科技创新活动提供了强有力的支撑。

(2)互补性。不同区域间科技创新资源禀赋的差异,体现为地区间科技创新要素的结构性稀缺,表现为区域间的互补性和共生性,为建设长三角科技创新共同体提供了可能性。换言之,长三角科技创新共同体应在充分考虑各地区特色的基础上,对科技创新要素和资源进行整合,形成各个主体间取长补短的资源合作,从而减少科技创新合作中的机会主义行为和交易成本,最大限度体现跨区域科技协同创新的效率。

(3)系统性。长三角科技创新共同体是一个复杂的系统,是由多个要素构成的统一体。从参与运作的创新主体类别看,长三角科技创新共同体中包括企业、高等院校、科研院所、政府部门、中介服务机构等多类主体,各主体间的联系具有网络性。比如高等院校和科研机构通过产学研机制与企业进行合作,政府通过公共服务、法规政策等为创新主体提供科技创新环境,中介服务机构通过提供信息咨询、科研平台支持等方式发挥桥梁作用。

(4)外溢性。在长三角科技创新共同体中,各主体之间强烈的合作倾向和普遍的合作分享,使得以技术、信息和经验等为代表的创新知识更多呈现公共物品的属性,展现出一定的非排他性和非竞争性,极大地降低了科技创新知识的获取成本,使得科技创新知识具有外溢性及兼容共享的特征。因此,在长三角科技创新共同体中,科技创新应是成簇发生的,而非呈分散随机的状态。

(5)非线性。长三角科技创新共同体各主体要素的决策水平、创新能力以及产出能力不是简单的线性相加,而是通过各主体要素的相互影响、作用以及耦合产生非线性的协同放大效应。在长三角科技创新共同体中,如果能够实现物质流、信息流以及知识流等在主体之间的自由流动,而不仅是形式上的联合,就有可能产生一定的协同效应,实现科技创新产出的倍增效应。

第二节 长三角科技创新共同体的建设重点

长三角科技创新共同体应以科技创新为核心,整合、聚集创新要素,在协同创新形成合力的基础上,瞄准世界科技前沿和顶级水平,联手突破一批卡脖子关键技术,在若干优势领域培育形成一批重大原创成果,并推动产业与创新深度融合,建设成为国际领域有影响、国家战略有地位、区域建设有贡献的科技创新共同体。具体做到:

一、加快科技基础条件共享平台建设，优化整合科技创新资源

科技基础条件共享平台促使科技创新的边界是可以相互渗透的，是一个开放而非封闭的边界。一是向企业、社会和跨区域间的开放共享。科技基础条件共享平台要注重以企业、社会和跨区域科技创新需求为导向开展主动服务和跟踪服务，将服务范围向支撑企业科技创新、区域科技创新延伸，引导科研机构、仪器设备、研发基地开放共享创新资源。二是实现海量信息的有效整合、快速检索、准确导航和远程服务。保障科技基础条件共享平台用户充分了解科技创新资源信息和获取服务的渠道，避免平台内部形成分散的"信息孤岛"，在资源信息共融的基础上实现共享。三是推动重大科技基础设施集群化发展。对接国家战略需求，科学布局、协同共建大科学设施，推进设施建设和运行水平进入国际先进行列，推动一批国家重大科技基础设施布局落地长三角，形成科研设施的集群化、集团化、集约化发展。四是加快集聚国际创新资源。积极参与中外科技伙伴计划，推动设立全球领先的科学实验室和研发中心，共建长三角大数据中心和国家化创新平台，提高合力参与国际或国家大科学计划的能力。五是推进科技创新券在长三角范围内通用通兑。进一步推广上海与苏州、嘉兴创新券通用通兑的实践经验，扩大部分领域开展试点，统一科技创新券的服务标准、内容和平台，促进服务机构互认，建立网上注册、合同备案、创新券申领兑付一体化服务机制。

二、着力打造多层次科技创新人才队伍，推动区域统一开放人才市场格局的形成

人才资源是第一资源,科研人才尤其是高层次科技创新人才已成为最重要的战略资源。打造多层次科技创新人才队伍,要做好几项工作:一是培养高层次科技创新人才。在人才开发和培养方法上与国际接轨,促进多学科交叉、多门类汇聚、多主体对接,打造世界级的各类前沿交流平台和机制,形成具有队伍结构国际化、人才能力国际化、人才活动国际化的人才资源优势。二是共同组建国际人才市场。探索与国际通行做法相衔接的人才评价方法和职业资格认证体系,进一步完善高端人才的引进机制和服务方式,给予科技创新人才高强度的投入、高丰富度的资源、高自由度的机制,形成优良创新生态,切实解决高端人才创新创业面临的各种难题,鼓励和支持科技创新人才持续开展研究与产业化工作。三是促进人才合理流动。长三角地区建立统一标准的各类科技创新人才信息库,搭建三省一市高层次科技人才交流平台,加大各省市人才支持政策协调力度,共同发布紧缺人才需求目录,防止无序"人才争夺战"。四是提供人才一体化的制度保障。加快户籍、档案等管理制度改革,完善人才权益保障和社会公共服务体系,从根本上减少人才流动的风险和代价,为各类科技创新人才有序自由流动和身份有序自由转换提供基本的制度保障。

三、形成动态优化的重大科技战略部署，联合提升原始创新能力

由于对科技创新理念认识不足、对基础研究重视不够以及科技

创新积累薄弱等,目前长三角区域原始创新能力还不强,前所未有的重大科学发现、技术发明、原理性主导技术等创新成果比较少。应着力于以下几个方面,联合提升原始创新能力:一是聚合力量参与国际大科学计划和大科学工程。逐步建立起面向全球的"科技创新雷达矩阵",动态、及时搜索辨析颠覆性技术、破坏性创新、未来产业重大原创性突破的研发热点、竞争焦点、发展重点,探索深化在量子通信、生物医药、核聚变、类脑智能技术及应用、智能语音与人工智能等国际大科学计划和国际大科学工程的国际合作。二是联合开展科技项目攻关。加快实施已部署国家重大战略项目、国家科技重大专项,开展针对重大、重点领域的联合申报,如联合向科技部争取承担一批科技创新 2030 重大专项,争取教育部支持长三角相关高校建设若干教育部重点实验室、工程研究中心等科研基地等。同时,聚焦公共领域共性关键技术需求,联合合作项目,并围绕新兴产业,鼓励支持长三角设立一批跨区域合作重大科技项目,共同攻克一批核心技术。三是建立科学合理的原始创新评价体系。与其他研究相比,基础研究周期比较长,绩效评估指标应以中长期考核评价为主,营造能使科研人员潜心研究、敢于"十年磨一剑"的氛围,减少各种不必要的评比和考核指标,营造和培育真正的自由宽松的创新性文化环境和文化土壤,赋予研究人员自由探索的时间和空间。

四、推动产业与创新深度融合,培育世界级先进制造业集群

从长三角共同培育世界级先进制造业集群的高度来推动产业和创新深度融合,形成以企业为主体,高等院校、科研院所为依托,市场导向、政府推动、社会参与的广泛的区域创新合作机制,回归企

业在科技创新和产业融合发展中的主导地位。一是构建以企业为主体的政产学研协同创新体系。高等院校和科研机构的作用不应仅局限于科技人才培养、科研项目合作等简单活动，而是面向企业创新创业服务需求，通过自身科研和人才优势，更多地参与市场共性技术开发、产业发展规划当中，并通过改革建立以成果转化为导向的科技立项与成果评价体系，消除科技创新的"孤岛现象"，建立"需求—研发—试验—孵化—产品—产业"的产业创新融合链，打通科技成果转化"最后一公里"。二是围绕产业链的布局来调整科技创新链的功能和对接。培育和完善科技与产业联系机制，围绕主要产业链和重要产品，结合区域产业基础和资源禀赋，以产业转型升级、科技和模式创新需求为导向，布局重点实验室、工程技术中心、产业技术研究院等创新平台，完善创新链布局，推动科技创新与产业发展深度融合。三是加快建设新型技术研发和转化平台。支持长三角产业技术创新联盟建设，开展共性技术研发、产业链打造、技术标准制定、产品市场化等活动。建立长三角技术交易市场联盟，探索建立企业需求联合发布机制和财政支持科技成果的共享利用机制，共建全球技术交易市场，共同支持全球科技创新成果在长三角转移转化。

五、鼓励园区探索共建共享共赢合作新模式，提升园区合作层次

积极发挥高科技园区作为科技创新载体的重要作用，加强长三角高科技园区的协调和互动，构建从松散到紧密的渐进式园区合作网络。一是输出品牌园区开发管理标准和品牌。鼓励品牌园区开发商加强与长三角园区共建，积极探索以"轻资产"模式为主打，输

出品牌园区开发管理标准和品牌,与当地政府密切合作,有序推动产业转移和生产要素双向流动,提升长三角各类园区的开发建设和管理水平。二是发挥大企业、大项目在园区建设中的龙头作用。瞄准世界主流产业发展方向,坚持发挥大项目示范带动作用,共同集聚培育具有全球影响力的根源性、创新型跨国公司,从产业链和创新链两个层面深度对接长三角园区发展。三是创新园区的体制机制。积极盘活园区资源,推动国家高新区扩容,支持专业性园区、产业转移工业园区转型升级为高新区,同时引入各类资本参与园区建设和管理,建立健全相关的激励机制和利益分享机制,走好"一区多园、一园多基地"的园区互动合作的新路子。四是促进自贸区协同发展。利用上海自贸区临港新片区、江苏自贸区、安徽自贸区相继设立的契机,复制、优化、完善上海自贸区和浙江自贸区的各类创新机制体制,进一步对标高标准国际经贸规则改善营商环境,充分利用自身资源禀赋优势与区位优势,形成以制度创新推动科技创新兼具地区特色的试点格局,打造中国领先、有世界影响力的自贸区"金三角"集群。

第三节　建设长三角科技创新共同体的制度保障

一、加强组织协调和战略协同

建设长三角科技创新共同体,亟须解决区域科技创新合作缺乏强有力的组织机构问题。这就需要长三角各地政府让渡一部分权力交给协议机构,或者委托某些成熟组织,专门行使统一规划、设计、建设和运行管理事务,全面统筹规划长三角地区内的科技发展规划、政策配套服务和在合作过程中碰到的一些重大关键性问题。首先,在国家层面,由科技部牵头,会同苏浙沪皖三省一市共同建立长三角科技创新合作领导小组,在涉及长三角科技创新共同体建设的重大规划、重大事项和重点工程上发挥统筹、协调和监督的功能。其次,在三省一市层面,建立联合研究机构、联合技术转让中心、联合科研基金、科技人才服务和技术评估中心等服务机构,负责解决科技创新要素自由流动以及跨区域协同创新中的互利共赢问题。建立能够反映长三角各地方政府意愿、能够获得各地市政府普遍认同的、具有合理的治理结构的协调机构,组织协调跨地区的重大工程项目的建设,并协助各市县制定地方性发展规划和政策,促使地方性规划和政策与长三角科技创新共同体整体性规划和政策的有机衔接,并负责监管规划和政策的执行情况。此外,在社会层面,共同建立由各地市政府部门官员、企业代表以及高校和科研院所的专家共同参与的发展咨询委员会,负责为长三角科技创新共同体中各种科技创新合作问题提供科学的咨询论证意见,同时负责研究长三角科技创新共同体内部相关科技创新政策出台过程中的共同决策和出台效果的评估。建立推进长三角科技创新协作组织,通过制定区域共同市场规则、建立区域共同市场秩序、制定相关体系标准,协调解决区域创新合作中出现的各项技术、财务和法律问题。

二、建立利益协调机制

制定价值链利润分享机制。一方面对于共同开发的新产品和新技术取得的利润,按照前期研究开发的投入比例进行分成,另一方面建立企业战略联盟发展基金,并构建合理的绩效考核体系,运用发展基金根据企业绩效水平对长三角科技创新合作驱动价值链升级的企业予以奖励,从而实现利润的合理配置。在异地产业园区合作层面,探索股权合作模式,探索互利共赢的财政政策,开辟共同开发区域,共享互补两地政策,合理分配税收分成,共享发展红利,实现共同开发,构建全方位、紧密型的平台合作开发模式。具体而言,通过政府间的股权合作安排,解决 GDP 统计、税收分成、经营收益分配等收益共享机制,同步提升双方合作积极性。此外,要加强地区间经济联系,促使各地区充分享受到一体化发展带来的经济效益,让区域内的人民平等享受教育、医疗卫生、文化服务和社会保障等一系列权利,推动教育资源共享、医疗卫生跨地区服务、文化产业联动发展、社会保障互联互通等,不断优化公共服务供给,为长三角科技创新共同体建设营造良好的社会服务环境。

三、健全利益补偿与激励机制

解决创新合作问题,仅仅依靠市场机制,不仅成果见效慢,而且各市场主体的关系脆弱不稳固,因此还需要发挥政府的宏观调控作用。利益补偿与激励机制是指在推进长三角科技创新共同体建设过程中,创新合作的利益应该按地方政府在合作中的具体贡献来分配。对在合作中让渡自己利益、权力和资源的地方政府,需要在财政或政策上做出适当的补偿。只有各地方政府都获得了相应的利益补偿,才能有效解决城市合作中的矛盾和利益冲突问题。比如,针对具体的项目类别,设定长三角共同财政支出项目、确定转移支付资助项目的收受条件标准,以及财政转移支付项目执行情况定期报告制度和对资助项目的审计制度等。再比如,在个人所得税方面,对从事科技创新相关的科研人员实行减征措施,提高研发积极性。支持从事创新研发相关企业的固定资产采用双倍余额递减法、年限总和法等加速折旧的方法进行折旧,或在税法上规定缩短折旧年限,以降低区域内创新企业的税负。

四、构建一体化法律制度体系

推进长三角科技创新共同体建设,涉及产权安全、市场开发等诸多方面的内容,不仅仅需要政策规划的支持,还需要通过立法对其发展过程予以保障。因此,需要完善推进长三角创新共同体建设的法律制度体系,将对推进长三角科技创新共同体建设的保障措施写入相应法律法规,如《知识产权保护法》《政府采购法》《反垄断法》等。同时,加强立法之间的协调性。针对各地区之间法律法规制度的协调性的问题,应制定区域协调组织和各省市委主要规制内容的"地方政府合作关系法",划定区域协调组织的职责权限,为其设立和运行提供法律保障,并明确地方政府权力义务、规范地方政府行为,建立有利于进行跨行政区域协同创新的法律法规体系,从根本上扭转缺乏协调的局面。相关执法部门联手制定具体实施细则,切实将相关科技协同创新中的制度性成果落到实处,推进依规行政、依法协同。针对法律的协调性问题,应在立法时提高各种法律法规之间的相互协调与配合程度,避免不同法律法规之间的冲突,并建立反馈机制,及时对冲突的法律法规予以修正。大力推动长三角地方法规建设的一体化对接。一方面,积极推动国家立法机构尽快通过专项法律法规或增设专门的法律条文;另一方面,大力推动地方法规建设的对接,使区域及其城市之间的一体化协调机制建设具有法理依据,并且为成效评估、纠纷仲裁和调解以及惩处等提供法源支持。

五、完善社会监督机制

在长三角科技创新共同体建设的重大专项和公共服务上,面向全社会公开选聘特邀监督员,参与执法监察,定期向创新合作发展监委会报告,及时反映公众的检举、控告,提出整改意见和建议并及时进行反馈。制定可操作的法定程序,鼓励公众进行社会监督,使公众切实行使对公务人员的监督权。建立科技创新体建设的评估考核系统,将评估考核纳入科技创新共同体具体实施计划中,定期组织设立专门考核评估小组,联合进行评估,或者常设专门机构,从资金使用、人员调配、合作项目收益、风险状况等方面入手,选取关键点进行考核。

第四节　案例分析：建设沪宁合一体化的产业创新带

一、"沪宁合产业创新带"概况简介

2019 年 12 月中共中央、国务院印发实施的《长江三角洲区域一体化发展规划纲要》(以下简称《纲要》),不仅指出持续有序推进

G60 科创走廊建设成为"科技和制度创新双轮驱动、产业和城市一体化发展的先行先试走廊",也提出要发挥江苏制造业发达、科教资源丰富、开放程度高等优势,推进沿沪宁产业创新带发展,使之建设成为"具有全球影响力的科技产业创新中心和具有国际竞争力的先进制造业基地"。对照《纲要》实施的要求,应该客观地看到,G60 科创走廊战略倡议,仅仅将江苏省的苏州市纳入产城融合的科创一体化体系,因此它是不完整的,也是需要修正的。主要问题是忽视了江苏大部分地区,特别是人为地排斥了南京、无锡、常州等科技产业发达的城市,这样就难以充分发挥江苏的制造业基础与创新优势,不利于长三角一体化进程的推进。根据《纲要》的要求,长三角高质量一体化发展必须高度重视江苏参与长三角一体化的重点在于,依托自身制造业全球竞争优势,借力部分城市较高的科技创新水平,通过深化产业链与创新链融合发展,助力长三角制造业全球价值链地位的攀升和竞争力的提升。

鉴于长期以来江苏与安徽在城市共建、交通互联、产业协同等方面的合作,以及合肥这一"综合性国家科学中心"先进的技术创新水平,我们认为,应该将《纲要》提出的"沪宁产业创新带"延伸为"沪宁合产业创新带",即未来以上海、合肥两个综合性国家科学中心为支点,借助先进的原创性、突破性的基础创新成果和创新资源等,建设与 G60 科创走廊紧密联系、各扬所长、分工协作的沪宁合产业创新带,实现产业链、创新链、价值链的深度融合,构建以上海为中心的世界级产业创新生态系统,进而促进长三角更高质量一体化发展。

二、建设"沪宁合产业创新带"的主体内容

为进一步深化长三角一体化发展进程,充分发挥上海、南京、合肥等区域中心城市优势,聚力创新、聚焦落实,谋划沪宁合产业创新带建设十大行动,具体包括传统产业协同提升行动、战新产业协同发展行动、中高端载体协同建设行动、企业生态协同培育行动、创新服务协同优化行动、资源要素协同供给行动、统一大市场协同建设行动、产业政策协同优化行动、创新主体协同创新行动、科技成果协同转化行动等十个方面内容。

(一)传统产业协同提升行动

围绕传统产业存在的关键环节和核心零部件薄弱、核心关键技术对外依存度高、中低端产品同质竞争、产业链整体层次偏低等问题,提出以下举措:一是共同推动产业基础高级化、产业链现代化。聚焦绿色化工、冶金、汽车及零部件、高端纺织、智能家电等三市共性传统优势产业领域,强化区域合作互补,加快推动传统产业高端化、绿色化、智能化。二是协同推进传统产业提质增效。通过区域间优势互补与集聚,运用大数据、物联网、人工智能等新一代信息技术改造传统产业,共享信息化赋能成果,着力增强和提升区域间传统产业竞争力。三是促进产业链与创新链深度融合。加强跨区域深度合作,协同整合区域创新资源,联合突破核心的关键技术,以创新驱动传统产业转型升级,实现新旧动能发展转换。四是促进服务业和制造业深度融合发展。强化生产性服务业关键支撑,促进产业链向两端增值环节延伸,推广服务制造新模式,提升制造企业价值

链控制力。力争建成具有国际竞争力的先进制造业基地。

(二)战新产业协同发展行动

围绕核心竞争力不强,区域内未形成差异化的产业分工,产业同质化竞争严重,创新要素资源的流动不通畅、共享不充分,缺乏开放与共享的创新协作网络,尚未形成真正联动的沪宁合产业创新带等问题,提出以下举措:一是要优化产业合理布局。围绕物联网、新材料、空天海洋、新能源、节能环保等领域,立足区域产业特色和比较优势,合理优化布局,实现区域内产业链上下游有序分工协作、错位发展。二是强化产业竞争力导向。协同建立战略性新兴产业基础数据库,强化对产业链基础环节的控制力,提升产业技术水平,加强核心技术资源共享、联合突破,增强企业竞争力。三是加强应用场景建设。建设一批应用场景示范工程,积极发布应用场景项目清单,择优开展示范推广,鼓励企业发展面向定制化应用场景的"产品+服务"模式。四是协同打造具有国际竞争力的产业集群。依托三市在战略性新兴产业培育上形成的良好基础,聚焦关联性产业、互补性产业,加强产业链、供应链、创新链等方面的合作,鼓励建立产业联盟、建设产业集群,在国际竞争中形成原料采购、市场拓展、人才引进、技术研发等方面的优势。

(三)中高端载体协同建设行动

基于创新平台载体的合作机制、市场机制有待突破,载体平台的能级和影响力有待提升等问题,提出以下举措:一是形成综合性国家科学中心示范带。鼓励南京创建综合性国家科学中心,发挥上海、合肥、南京等市重大科学装置、国家重点实验室、科研院所等创新资源富集优势,打通成果转移转化通道,以点连线、连线成面,将沪宁合产业创新带建设成为中高端创新载体高地、产业创新策源地。二是围绕集成电路、智能传感器、功能性纤维等沪宁合优势产业链,联合筹建、培育、运营和建设一批国家重点实验室、国家工程研究中心、国家产业创新中心、国家企业技术中心等高端平台载体。三是聚焦先进材料、生物医药、第三代半导体等领域,支持产业链上中下游企业共同组建联合创新实验室等新型研发机构,探索协同攻关新模式,构建开放、协同的共性技术研发平台。四是鼓励支持以大型企业为主,整合配置高校院所创新资源,积极参与建设产业创新中心,发起设立市场化新型研发机构,提高应用技术研发能力。

(四)企业生态协同培育行动

针对企业数量虽然多,但是企业规模普遍偏小,缺乏像华为等世界级的产业链主导型、平台整合型企业,对产业链主导、控制和整合能力不足等问题,提出以下举措:一是打造一批竞争力强的"链主型"企业。鼓励有条件的企业走跨行业跨区域的兼并重组路线,集聚创新资源要素,强链补链延链、开展技术创新,参与国际标准制定,提升全产业链控制能力。二是培育一批专注于细分市场的"专精特新"小巨人企业和制造业单项冠军。通过企业上下游协同制订配套方案,建立稳定的研发合作机制,构建自主技术的产业生态和配套体系。三是促进大中小企业融通发展。鼓励大企业开展协作配套、专业分工、服务外包,支持大企业向配套中小企业开放研发平台,推进企业联盟化发展,提高产业链协作水平,构建大中小企业协同创新、共享资源、融合发展的企业生态。四是加快培育建设优秀企业家队伍。大力弘扬企业家精神,联合加大知识产权保护和专利侵权处罚力度,鼓励和支持全社会力量参与产业创新突破。力争形成一批在国际资源配置中占主导地位,引领全球行业技术发展,具有国际话语权和影响力的世界一流企业联盟。

(五)创新服务协同优化行动

虽然创新服务体系不断优化,但科技创新成果转化率偏低,产业联盟、行业协会等社会组织功能尚未得到充分发挥,科技成果运营人才力量薄弱、市场化的机构缺乏推进抓手等问题仍然存在,为此提出以下举措:一是围绕产业链培育,支持发展商会、行业协会、创新服务机构、产业联盟和创新联盟,充分激发社会组织第三方力量作用。支持龙头企业主导构建风险共担、利益共享的产业联盟,开展共性技术研发、产业链打造、技术标准制定等活动;支持行业协会在品牌塑造、科技咨询、政策制定等方面发挥更多功能;依托商会汇聚先进理念、先进技术、优质资源和优秀人才。二是加快科技金融服务平台建设,建立金融风险担保和风险补偿基金,发展知识产权金融、科技银行、科技保险新业态创新服务体系。三是推动科技资源开放共享。加大国家重大科技基础设施开放共享力度,完善长三角科学仪器设备协作共用平台。积极推动重点城市研发资源的互通互认,促进科创要素自由流动和优化配置。四是建立规则统一的制度体系。全面实施市场准入负面清单,率先开展区域统一标准试点,建立高端的人才保障服务标准。创新服务体系持续优化,积极吸引全球技术、服务和创新资源,力争打造国际一流科创服务,共建全球技术交易市场和科技成果转移转化高地。

(六)资源要素协同供给行动

面对高层次人才供给不足、执行标准不统一以及资金结构不合理等要素问题,提出以下举措:一是推动人力资源供给高端化。加强 "高精尖缺" 队伍建设,集聚一批掌握基础研究和行业技术前沿的高端人才和创新团队,大力引进培养一批科技成果转化高端人才、高端知识产权专业人才、科研管理人才,培养一批专业技能紧缺人才,充分激发人才活力。二是推动技术要素供给标准化。加强标准、计量、检测体系建设,鼓励龙头企业牵头成立产业链标准联盟,促进产业链上中下游产品技术标准对接。支持企业开展先进技术标准攻关和对标达标行动,积极参与标准制修订。三是推动金融要素供给多元化。建立支持产业基础能力建设的市场化产业运营投资引导基金,充分发挥引领带动和兜底保障作用。完善政策性融资担保体系,鼓励金融机构开展知识产权质押、股权质押等贷款业务。培育发展多层次资本市场,多渠道募集中长期发展资金。规范发展股权和创业投资基金,促进风险投资与科技创新深度融合。力争促进要素市场一体化,实现人才、技术、资本等核心要素自由流动,推动要素资源高效配置。

(七)统一大市场协同建设行动

沪宁合产业创新带各城市间行政隶属关系复杂,协调难度较大,且长期以来各个行政区存在明显的行政分割、市场壁垒和行业垄断问题,提出以下举措:一是要建设统一开放的资本市场。推进区域异地存储、信用担保等业务同城化。鼓励符合监管政策的地方法人银行在上海设立营运中心,支持上交所率先在苏皖设立服务基地,联合共建金融风险监测防控体系。二是完善跨区域产权交易市场。推进各类产权交易市场联网交易,推动公共资源交易平台互联共享,建立统一信息发布和披露制度,建设长三角产权交易共同市场;培育完善各类产权交易平台,率先在沿沪宁合产业创新带探索建立水权、排污权、知识产权、用能权、碳排放权等初始分配与跨省交易制度。三是建立统一的技术市场。实行高技术企业与成果资质互认制度,加强技术交易信息数据共享,建立安全风险防范机制。发起设立国内一流的知识产权交易中心,健全集知识产权评估、担保、贷款、投资和交易于一体的综合服务体系。四是加强知识产权保护。开展知识产权联合执法,开展快速审查、快速确权、快速维权业务,提供便捷、快速的保护通道。探索知识产权仲裁调解、人民调解等多元化知识产权纠纷解决渠道。力争统一市场准入标准,加快建设统一的人力、技术和金融资本市场。

(八)产业政策协同优化行动

政策创新和要素支持力度不断增强,产业生态的吸引力竞争力明显提升,但是公平普惠、精准有效的现代产业政策体系尚未形成,存在重复建设与同质化竞争等问题。要坚持市场机制主导和产业政策引导相结合,关注产业发展的基础领域和共性问题,推动差异化倾斜性产业政策向普惠性竞争性产业政策转型,构建以产业生态建设和激励创新为核心的功能性产业政策体系。具体提出以下举措:一是优化财税政策,加强财税金融支持。积极争取财政、税收、金融有关制度创新和政策创新在区域内先行先试,有效引导资源向竞争力大的领域集聚,加大对重大载体和项目、总部经济、对外投资与经济合作的扶持力度。二是优化人才政策,强化人才支撑。建立高层次人才信息库,编制国际高端紧缺人才开发目录,建立与国际规则接轨的高层次人才管理制度和政策,强化专业人才队伍建设。三是优化土地政策,强化土地保障。严控增量,加大低效用地置换盘活力度,有效提高土地利用效率,鼓励参与增减挂钩指标在区域间调剂,支持新增用地向沪宁合重点城市倾斜。四是优化产业技术与创新政策,完善创新体系。加强共性技术机构与科技基础设施建设,建立全国性技术转移平台,促进先进适用技术的推广扩散,加强符合中小企业和高科技创业企业的政策和服务体系建设。

(九)创新主体协同创新行动

面对创新主体协同机制不完善、政产学研创新主体结构松散、新型研发机构组织形式单一、缺乏关键共性技术研发的协调、创新资源与产业对接的匹配程度有待提升等问题,提出以下举措:一是创新主体协同提升原始创新能力。加强科技创新前瞻布局和资源共享,协同政产学研各创新主体,集中突破一批卡脖子核心关键技术,加强各主体与上海张江、安徽合肥综合性国家科学中心的合作,加大关键共性技术的投入。二是创新主体协同推进科技成果转化。加强政产学研创新主体协同,提升新型研发机构质量,协同各主体创新资源,构建开放、协同、高效的共性技术研发平台。完善资金共同投入、技术共同转化、利益共同分享的新型协同创新机制。三是创新主体协同促进创新链与产业链融合。聚焦关键共性技术、前沿引领技术、应用型技术,建立政学产研多方主体参与机制,开展跨学科跨领域协作攻关,形成基础研究、技术开发、成果转化和产业创新全流程创新产业链。

(十)科技成果协同转化行动

面临原始创新能力不足、科技研发与生产应用存在"两张皮"、缺少专业化的知识产权和成果转化管理团队、高水平的科技成果转化服务机构和平台数量匮乏等问题,提出以下举措:一是积极推动产学研深度融合,加强"从 0 到 1"的基础研究。围绕产业和企业创新需求角度开展定向基础研究,强化高校科研成果的发布和对接。引导高校院所、企业共建高水平协同创新平台,共同参与原始创新。二是共建科技成果转移转化高地。加强与国家技术转移苏南中心、江苏省技术产权交易市场、安徽科技大市场的合作,共建长三角创新成果集散中心。通过沪宁合地区的科研机构、高校、企业间共同承担重点研发计划项目等方式加速科技成果转移转化。三是创新产业技术研发组织方式。推动科研成果与市场需求相结合,以市场机制为导向开发科研项目,加强产业技术创新资源的统筹整合。四是共建科技成果孵化基地。支持在创业孵化、科技金融等领域开展深度合作,大力推进科技企业孵化器、众创空间建设,联合举办创新大赛、产学研对接大会等合作交流活动,构建基础研究成果"从 1 到 10"的最佳孵化带。五是畅通高效转化应用通道。强化保护知识产权,明确政府支持的科研项目产业化收益分配比例,支持发展中介服务市场化专业机构,培育壮大基础研究和科技经理人运营队伍。

第八章　长三角一体化发展中的产业创新

产业创新是指以企业作为创新主体进行创新投入,追求创新成果,以实现"熊彼特租金"的经济活动。产业创新相对于企业创新与国家创新而言是中观层面的创新,它关注的是产业内的企业为提高自身的市场地位,以利润为导向,在从事创新活动中所形成的相互之间的行为、利益与理性联结[1]。实际上,产业创新的根本在于产业链现代化,是经济发展和转型升级的必然结果,也是大国经济在参与国际分工和产业竞争中的内生选择,是建设现代产业体系的基本要求。改革开放以来,特别是党的十八大以后,长三角区域产业创新取得了飞速发展,资源投入日益加大、创新产出逐步增多、科技与产业进一步融合、区域联系愈加紧密,这些将有力地推动新发展格局下的长三角一体化发展。

---

[1]　于挺. 产业分工对产业创新的促进机制[D].上海社会科学院,2010.

第一节　长三角产业创新一体化的发展现状

一、区域联系视角的长三角产业创新一体化

在全球化、信息化背景下,各城市之间的联系变得日益紧密,各种人流、物流、信息流、资金流在一定地域内形成流动空间,利用"流"来研究城市间的相互作用以及城市网络结构已经成为近年来的新趋势。国家高度强调产业创新,《长江三角洲区域一体化发展规划纲要》更是进一步强调创新链与产业链的深度融合,因此,有必要对长三角产业创新网络进行进一步分析。以长三角 41 个城市为研究对象,基于科技部高新技术企业名单、天眼查、国家工商总局、谷歌地球、中国科技统计年鉴等多源数据,对注销、迁出、信息不全等企业名单进行初步清洗,借鉴全球化与世界城市研究网络团队(Globalization and World Cities Research Network)的方法,从子母企业联系(股权关联)的角度分析长三角区域各城市之间的产业创新网络联系特征。

统计结果如图 8-1 所示,长三角产业创新联系网络主要呈现以下几个特征:①以上海及近沪城市为中心的总体格局不断得到强化。上海一直是长三角产业创新网络的核心节点城市,苏州、杭州、宁波等作为上海周边第一层级接受辐射外溢的城市,区位优势明显,始终发挥着区域产业创新网络次级核心节点的作用。②省会城市快速崛起。合肥、杭州、南京分别作为安徽、浙江和江苏的省会城

市,近些年产业创新网络的地位提升迅速,尤其是杭州和南京,都先后反超传统工业强市苏州。这一方面得益于省会城市教育、科技基础设施雄厚,另一方面也得益于各省近些年都提出的提高省会城市首位度的战略方针。③长三角整体产业创新网络密度逐年增大。2013—2018 年,长三角产业创新网络以上海、南京、杭州、苏州、合肥等城市为核心的集聚趋势不断得到强化,以这些中心城市为节点,向周边城市辐射扩散,周边城市之间互相扩散的联系变得越来越密切。南京对苏中、苏北地区,合肥对皖中、皖北地区,杭州对海西地区的纵向联系;苏中、苏北、皖中、皖北、海西地区之间的横向联系,近些年都得到了不同程度的增强。

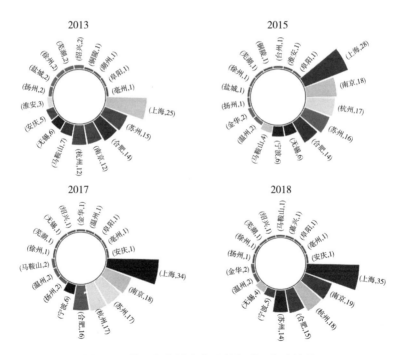

图 8-1 长三角各城市产业创新联系频次统计

二、主体协同视角的长三角产业创新一体化

从创新主体来看,涉及区域创新发展的主体主要包括政府、企业和高等院校三类(简称"官产学")。官产学合作是指政府、企业和大学之间的合作,通常是以企业为技术需求方,以大学为技术供给方,而政府则扮演着资源协调和资金支持的角色。其实质是将经济资源、知识资源和人才资源从不同的经济主体中集聚起来,促进技术创新所需的各种生产要素的优化配置。

数据显示,长三角地区规上企业创新投入取得长足发展,R&D经费支出稳步提升,但政府直接参与企业科技创新的程度较低。上海市、安徽省政府直接参与企业科技创新投入比重相对较高,但波动幅度较大;江苏省、浙江省政府资金占比呈现不断下降趋势,整体水平偏低。这反映出历年我国政府部门的公共财政R&D投资普遍存在的一个现象:科研基金主要表现为政府和大学之间的互动,一般缺少支持商业化应用的导向,即政府与企业之间的合作力度和深度都不够,企业R&D经费支出主要仍然是自有资金。然而,随着国际竞争和后危机时代企业运作困境的加剧,政府在官产学合作中的导向作用亟待加强。

长三角高等学校R&D经费支出呈现稳步增长趋势,从不同主体参与经费来源的占比及变化趋势来看,政府直接参与高等学校科技创新的程度相对较高,8年间资金占比均维持在60%左右。企业是高等学校R&D活动的第二投入主体,资金占比约为30%。整体来看,长三角高等学校R&D经费支出来源结构相对均衡,产学合作、官学合作机制正在形成。三省一市高等学校R&D经费支出来自政府的比重8年

间均维持在50%以上,其中安徽省和上海市政府资金比重较大,接近80%;与之相对,江苏和浙江的企业资金占比较大。

此外,新型研发机构也成为长三角产业创新的重要主体。新型研发机构突出体制机制创新,强化政策引导保障,注重激励约束并举,调动社会各方参与,有利于优化科研力量布局,强化产业技术供给,促进科技成果转移转化,推动科技创新和产业经济发展的深度融合。目前,在2019年9月科技部印发《关于促进新型研发机构发展的指导意见》的指导下,长三角地区的新型研发机构快速发展了起来,如表8-1所示。

表8-1　长三角主要城市的新型研发机构数量

城市	新型研发机构数量
上海	28 家(截至 2019 年 12 月)
南京	108 家(截至 2019 年 1 月)
合肥	34 家(截至 2019 年 12 月)
苏州	45 家(截至 2019 年 6 月)
南通	9 家(截至 2019 年 12 月)
盐城	24 家(截至 2020 年 6 月)
无锡	31 家(截至 2019 年 5 月)
常州	39 家(截至 2020 年 10 月)
泰州	21 家(截至 2020 年 4 月)
扬州	10 家(截至 2018 年 7 月)
镇江	18 家(截至 2020 年 8 月)
马鞍山	10 家(截至 2020 年 11 月)
芜湖	14 家(截至 2019 年 12 月)

三、环节连接视角的长三角产业创新一体化

长三角一体化高质量发展的突破口在于围绕产业链部署创新

链,把科技创新落到产业发展上。为探讨科技创新与产业创新的耦合协调关系,分别构建科技创新与产业创新能力指标体系,并测算三省一市 2010—2018 年的发展水平,在此基础上计算两大体系的耦合协调度。计算结果见表 8-2。

表 8-2 三省一市科技创新、产业创新综合得分及耦合协调度

	年度	2010	2011	2012	2013	2014	2015	2016	2017	2018
上海	U_1	0.211	0.220	0.249	0.271	0.298	0.395	0.446	0.470	0.512
	U_2	0.294	0.331	0.367	0.384	0.452	0.522	0.634	0.711	0.882
	D	0.499	0.520	0.550	0.568	0.606	0.674	0.729	0.760	0.820
	协调程度	濒临失调	初级协调	初级协调	初级协调	中级协调	中级协调	良好协调	良好协调	优秀协调
江苏	U_1	0.297	0.387	0.517	0.536	0.555	0.795	0.868	0.887	0.998
	U_2	0.229	0.299	0.343	0.448	0.501	0.564	0.695	0.812	0.997
	D	0.510	0.583	0.649	0.700	0.726	0.819	0.881	0.921	0.999
	协调程度	初级协调	初级协调	中级协调	良好协调	良好协调	优秀协调	优秀协调	优秀协调	优秀协调
浙江	U_1	0.197	0.236	0.321	0.346	0.366	0.513	0.542	0.564	0.677
	U_2	0.053	0.088	0.112	0.150	0.175	0.219	0.314	0.396	0.541
	D	0.320	0.379	0.436	0.477	0.503	0.579	0.642	0.688	0.778
	协调程度	轻度失调	轻度失调	濒临失调	濒临失调	初级协调	初级协调	中级协调	中级协调	良好协调
安徽	U_1	0.004	0.028	0.053	0.081	0.099	0.170	0.221	0.196	0.247
	U_2	0.004	0.040	0.073	0.110	0.136	0.159	0.189	0.223	0.264
	D	0.060	0.183	0.249	0.307	0.340	0.406	0.452	0.457	0.506
	协调程度	严重失调	严重失调	中度失调	轻度失调	轻度失调	濒临失调	濒临失调	濒临失调	初级协调

注:U_1、U_2 分别表示科技创新、产业创新综合得分;D 为耦合协调度。

从表中可以看到：第一，科技创新、产业创新发展水平稳步提升，但地区差异非常显著。江苏省的科技创新和产业创新水平都比较高，浙江省的产业创新始终滞后于科技创新，上海市的科技创新则始终滞后于产业创新，安徽省的科技创新和产业创新都比较滞后。江苏省科教资源丰富，产业基础雄厚，官产学等创新主体研发积极性高，具备完善的创新体系，为科技创新和产业创新奠定了良好条件；浙江省近年来研发经费投入增长速度显著，大力实施人才政策，吸引研发人员集聚，为科技创新提供了有力支撑；上海市作为国际大都市，依靠其地理和文化优势，对外贸易、金融创新等方面为产业创新注入了新鲜血液；安徽省科技创新和产业创新能力虽有一定程度的提高，但受经济发展基数较低的制约，与江浙沪依然存在很大差距。

第二，科技创新和产业创新两大体系初步实现了耦合协调发展，但整体水平偏低，提升空间仍然很大，且地区差距明显。江苏整体协调水平更好，由初级协调转化为优秀协调，上海由期初的濒临失调转化为期末的优秀协调，浙江由期初的轻度失调转化为期末的良好协调。安徽的协调水平最低，由严重失调转化为初级协调。究其原因，江苏、上海依托经济基础，在教育、科技、产业等方面都实现了高质量发展，其科技资源优势对产业创新的支撑作用明显，因此实现了高水平耦合；浙江科技创新处于领先水平，但其与产业创新之间没有实现有效衔接，换言之，科技创新对产业创新的支撑作用没有显现，科技与产业"两张皮"的现状不容忽视；安徽科技资源、创新要素，尤其是产业基础的整体基数都普遍偏低，导致两大体系的耦合协调度也相对较低。

第二节　长三角产业创新仍需三重突破

从长三角产业创新的发展现状可以看到,在过去"压缩式"的快速工业化过程中,长三角地区的高新技术企业在部分领域实现了关键技术和设备的国产化替代,在开放中实现了价值链的全球化拓展和延伸,产业基础能力和产业链现代化水平提高迅速。但是应该客观地承认,"压缩式"的快速工业化解决的是量的扩张和有无的问题,并不是解决质的提升和好坏的问题。目前还没有真正形成与高质量发展要求相适应的现代化产业链,产业附加值偏低,在全球价值链上的增值能力较弱。总体上看,长三角打好产业链现代化攻坚战,进一步促进产业创新发展,仍面临着在产业关联、产业组织和产业结构三个关键方面的突破。

一、产业关联关系突破:在产业链上培育更多的"隐形冠军"

产业链上的"隐形冠军"就是国家的基础产业。产业基础的能力和水平决定了一个国家产业的加工装配制造能力和水平,决定后者的高度和能走多远。如果基础零部件、关键材料、工业软件、检验检测平台等领域都有难以克服的瓶颈或短板,长期依赖外国技术,那么产业链现代化的任务就不可能真正完成。夯实这些产业基础能力,在产业链上造就大批的"隐形冠军",需要在国家现代化规划的顶层设计中,加快实施产业基础再造工程。

培育产业链中的"隐形冠军",需要政府支持上下游企业加强产业协同和技术合作攻关。在实际操作中,应该根据产业升级的紧迫性,重点选择产业集群中的头部企业,鼓励其通过纵向合并等方式,联合国内外大专院校、科研院所,把资源和要素集中投放在这些知识技术密集的基础领域和关键环节[1],把技术一层一层地往上做、往上提升,再逐步向上延伸产业链,掌握产业链中不易被替代的那些核心技术和诀窍。这方面的经验可以学习日本。日本基础工业的水平世界领先,这些年来日本获得诺贝尔科学奖的科学家连续来自企业,这也表明日本企业基础科学研究的领先地位。这个事实启发我们,要把中国的基础产业水平和能力做上去,政府一定要帮助企业戒除浮躁和急功近利的心态,形成从事基础产业技术研究的能力、环境和浓厚氛围。总之,中国企业必须争取把这些产业的核心技术、关键部件和特殊材料的发展主动权牢牢地掌握在自己的手中。

培育产业链中的"隐形冠军",需要从培育一大批"专精特新"的中小企业做起。今后,大企业尤其是实力比较雄厚的国有大企业,比较适合做那些需要连续不断的、巨额投入的"累积性创新"事业,而大量的、从无到有的0—1的跳跃式、颠覆式创新,要发挥众多经营灵活、创新动力强的"专精特新"的中小企业的首创精神。目前,大到精密机床、半导体加工设备、飞机发动机,小到圆珠笔的球珠、高铁螺丝钉、电子芯片、微电子导电金球等,都是我们在产业链上的软肋,为了打破跨国公司对这些高技术关键部件和材料的垄断,需要我们根据不同的产业特点和性质,分别让不同的企业去进行长期的研发、创新和突破。

---

[1] 郭伏,李明明,任增根,姜钧.产业集群中产业链的关键环节识别方法研究[J].辽宁工业大学学报(社会科学版),2019,21(03):34-38.

　　培育产业链中的"隐形冠军",需要发挥企业家精神和工匠精神。这两种精神对于培育"隐形冠军"来说都是不可缺少的。一般来说,诸如工艺流程的改进、产品质量提高等维持现行秩序下的渐进性创新,需要学习和强调精益求精、刻苦工作、用户至上等特征的工匠精神;而如果我们面临的是那种必须从无到有的或带有破坏性特性的创新,光凭工匠精神是无能为力的,必须形成容忍失败的鼓励创新的文化,要学习和发挥企业家精神,这种创新较多地出现于技术和市场变化迅猛的新兴产业的初创期,主要体现为新产品涌现和技术范式的彻底变化。

二、产业组织关系突破：在 GVC 上游培育更多的"链主"

　　打好产业链现代化攻坚战,培育更多的"隐形冠军"是问题的一个方面。要提升产业控制能力,还需要在 GVC(全球价值链)上培育更多的"链主",强化其治理结构的建设。虽然产业控制能力的形式有全产业链控制、关键环节控制、标准和核心技术控制等,但是最终产业控制力,则取决于参与者对 GVC 上治理体系和结构的把控能力。因为,对 GVC 中关键增值环节的标准规则制定、智能制造和个性化集成三个阶段,都离不开在 GVC 中的话语权[1]。GVC 治理结构是指它的组织结构、权力分配,以及价值链的链条中各经济主体之间的关系协调。其中,关于各种治理的规则制定、执行、监督和奖惩,甚至各环节的利益分配和协调,都是由 GVC 中的"链主"即掌握市场或技术等资源的大买家或者技术主导者决定的。因此,从产业

---

　　[1]　周静.全球产业链演进新模式研究[J].上海行政学院学报,2016,17(3):79-87.

竞争和组织策略看,在 GVC 上培育更多的、具有主导性地位的"链主",就显得尤其重要。

GVC 上的"链主"往往是跨国公司。跨国公司之所以可以做"链主",往往是因为它具有两种优势:一是市场优势;二是技术优势。前者形成市场需求驱动型 GVC,以市场中的品牌、设计、需求、营销、网络等为优势,向全球生产商发出采购订单。如在零售超市、电子商务中就存在这种超级的"链主"。后者形成核心技术驱动的GVC,以设计、研发、技术标准等为优势,组织供应网络中的企业群体进行生产。如在资本技术密集型的生物医药、集成电路、机械制造等产业,就存在着大量的这种技术驱动的 GVC 链主[1]。总之,这些"链主"要么通过市场需求订单,要么通过技术诀窍供给来给 GVC中的企业制定、执行和监督规则,并最终获取 GVC 中价值创造的主要收益。

提升产业控制能力,首先要依据产业性质,构建或培育具有这种治理能力和地位的跨国公司。没有这些在全球竞争中具有治理能力和地位的跨国公司,尤其是缺少以技术为基础的 GVC 链主,就不可能有中国制造强国的地位。过去我们提出来的要"培育具有全球竞争力的世界一流企业",其实从产业组织关系看,就是要在产业链上培育具有"链主"地位的产业控制者。

提升产业控制能力,要依托我国超级大规模市场的优势,建设市场驱动型 GVC,把全球供应商纳入自己主导的分工网络。具体办法,一方面,可以通过推进以电子信息网络支持的零售企业的大型化的方法,让这些大型商业巨头形成寡头垄断竞争格局,既拥有一

---

[1] 苏明,刘志彪.全球价值链视野下的中国产业发展——刘志彪教授访谈[J].南京社会科学,2014(8):9-15.

定的市场实力,相互之间又有一定的竞争。另一方面,可以鼓励中国企业沿着"制造—零售"产业链进行前向纵向一体化投资活动,或者鼓励制造企业收购兼并国外的品牌、网络、广告、营销系统。这些活动将产生价值链上的"链主"效应。

提升产业控制能力,可以依据中国新型举国体制的制度优势,一是微观上可以在卡脖子的关键领域适当集中资源和要素进行攻关,如针对我国芯片的软肋,可以把原先分散在政府各部门的扶持资金以行政方式适当集中起来,用市场化方式吸收社会资金,组建市场化运作的国家集成电路基金,对一些有前途的芯片突破项目集中投资;二是宏观上可以集中力量建设营商环境优化、适合人类居住的全球宜居城市,作为吸引全球跨国企业,虹吸全球高级人才、技术和资本的平台,让其为中国发展创新驱动型经济服务。

三、产业结构关系突破:要素协同发展

要素协同发展是产业结构高度化和合理化的基础条件,由此产业链现代化还具有的一个重要含义,就是要实现产业经济、科技创新、现代金融和人力资源之间的高度协调,实现产业链、技术链、资金链、人才链之间的有机融合和配合。

促进产业链与创新链的"双向融合"。目前我国科技研究水平与世界的差距,要小于我们的产业水平与世界的差距。产生这个问题的原因,一是科研指向与产业经济要求的目标脱节,各自进入了非良性的自我循环;二是科技市场中介和科技服务业不发达,两者之间无法实现信息交流和沟通;三是资本市场没能发挥激励和支撑科技创新的功能;四是科研成果转化制度还不够完善,如对知识产

权保护不力、对科学家从事成果转化工作缺少制度支持等。科技成果进不到产业经济领域是中国经济中的一个老问题。为此需要在科学家和企业家之间建一座"桥梁",让科研活动产业化,或者让一些有实力的企业纵向并购进入适合于产业化的科研院所。总之,要让科研活动按照市场的要求服务于产业经济。应该注意的是,不是所有的科研活动环节都能产业化的,创新一般分为两个阶段:第一个阶段是把钱变成知识,这是科学家要做的科技创新活动;第二个阶段是把知识变成钱,这是企业家要做的产业创新活动。这两者之间的界限不能混淆。第一个阶段要强调的是科研的原创性和独特性;第二个阶段强调的是科技成果的市场应用性。"双向融合"就是要协调企业家和科学家的行为目标和行为方式,争取把科技变成财富,把烧钱的过程和挣钱的过程结合起来,让这个过程能够闭环发展,实现正常循环。

促进现代金融更好地服务于产业经济。当前存在的主要问题是金融发展脱离产业经济要求,制造业呈现"空洞化"趋势,表现为实体经济不实,虚拟经济太虚,资金在金融体系内部运转,进不到实体经济,同时实体经济本身产能过剩、杠杆太高、生产率低,不能创造出投资者满意的回报率,因而吸收不到足够的发展资源。经济运行中出现"脱实向虚"的现象,与我国的经济运行中的"资产荒"问题有直接的联系。"资产荒"表现为居民巨大的理财需求对应着有限的资产供应,由此不断地拉高资产价格。应该看到,金融发展不能满足居民不断增长的理财需求,是我国房地产领域货币流入过多的重要原因之一。因此均衡产业经济与现代金融的发展关系,一个重要的选择是要积极发展现代金融,使其可以为社会提供更多可供理财的优质资产。

纠正人力资源与产业经济之间的错配。现在优秀人才不愿意去实体经济领域就业。从国家战略层面上看，一个年轻人不爱去就业的行业，是不会有光明前途的。解决人力资源与实体经济之间的错配问题，要从根本上提高实体经济的盈利能力，为吸引年轻人就业创造好的物质条件。技术工人是中国制造业的顶梁柱，是中国制造的未来，必须大幅度提高制造业中技术工人的待遇，实施首席技工制度，并鼓励他们持有企业的股份，跟企业共命运、同成长。要提高职业技术教育的社会地位和经济地位，让工匠过上有社会尊严的、体面的生活。只有如此，年轻人才会愿意当工匠，实体经济才可以振兴。

第三节　长三角产业创新强调产业基础高级化

在全球经济竞争中，来自终端产品的上游产业部门的技术实力和底气，决定了一个国家产业的国际竞争力，越是处于上游的产业，越缺少替代厂商，一旦发生对抗国的贸易制裁现象，其对下游厂家的杀伤力巨大。这样，长三角地区的本土企业未来嵌入全球价值链（GVC）分工的方式，可能就不能像过去那样忽视产业链的自主可控性，而需要对自己在 GVC 中的分工和位置进行战略性移动和调整。为此，我们应该未雨绸缪，及早规划和盘算，重点选择某些 GVC 中最重要的战略性技术、工艺环节、关键部件和特殊材料等，沿着纵向的GVC 联系逐步向上延伸产业链，使自己专注于链上的技术知识密集环节，把技术一层一层地往上做，自主可控地掌握产业链的这些不易被竞争者替代的重要价值环节和经济活动，这也就是所谓的产业基础高级化,或称基础产业高级化。这些所谓的基础产业部门,往往具有公共显示度较低、显著的报酬递增性、产业进入门槛高、发展的正外部性等特性。推进产业基础高级化进程必须摒弃静态比较优势理论,改用动态比较优势理论为指导。

一、产业基础高级化的内涵和特征

产业基础高级化是产业经济学中研究工业结构演进时运用到的一个重要概念,它指的是在一个完整的产业链的上下游关系中,那些处于上游的产业部门通过技术创新和管理强化,使其技术、产品、工艺和供给能力得到重大提升,可以为下游生产、加工、制造、装配的产业部门提供更高质量的产品和供应保证,从而在整体上实现国民经济高质量发展。显然,这个范畴表征的是一个进步的过程。

应该指出的是,基础产业或产业的基础部门是一个相对的概念,与此相对应的是加工组装产业。在一个产业链中究竟谁是基础产业部门,一是看它所处的产业链位置,二是看它在产业链中的重要性。前者如,粮食生产相对于食品加工部门来说是基础产业部门;芯片相对于手机来说,就是最重要的基础产业部门;软件工具CAD(电脑辅助设计)和CAE(电脑辅助分析仿真)相对于数字化设计、数字化工厂和数字营运服务来说,就是基础产业部门。后者表明,如果一个产业产出作为其他产业的投入品,在产业链中可以轻易地被替代,就说明其在经济循环中不具有"基础"性地位。

众所周知的是,从原材料生产一直到终端产品制造乃至流通和消费,各产业部门间会形成一个完整的链条。产业链向上游延伸,经济活动就进入基础产业环节(如延伸到原材料、零部件和技术研发环节,也称为前向联系)。对任何一个产业部门来说,处于上游环节的供应商所产出产品的技术水平的提升、供应能力的强化,就体现为产业基础的高级化。产业的上中下游之间形成链接紧密、技术先进、质量过硬、附加值高的现代技术联系,就是现代产业链。在产业经济学中,我们一般用"加工组装工业产值/基础工业部门产值"来反映产业链中工业结构的高级化进程和水平。这个比值说明,加工组装工业的发展是建立在基础工业发达的前提下的,基础产业水平差,加工组装产业就走不远,就是建立在沙滩上的工业化;基础产业产出质量越高,性价比越高,供应越及时,这个经济体的加工组装能力就越强,工业产业链条就越容易被拉长,"迂回化"生产的程度就越深入,产业的附加值就越高。

产业基础高级化,与"重化工业化""高加工度化""技术知识密集化"等特点一起,构成工业化进程的重要特性。对产业基础高级化这个进程来说,它往往具有以下几个特点:

其一,公共显示度较低。基础产业一般处于产业链的上游或中间投入品的生产环节,它们往往隐藏在最终产品耀眼的光环下,成为其背后的"无名英雄"或"隐形冠军"。因它们并不直接与位于终端的消费市场和消费者发生经济技术联系,所以知名度往往不能与世界著名的消费类品牌相比,但因其掌控着这个行业的关键知识和技能,享有其他企业无法替代的竞争优势地位,所以是具体产业命运的真正决定者。

其二,显著的报酬递增性。基础产业中的企业如芯片、基础性系统软件等生产商,具有高固定成本、低边际成本的投入性质,如第一张芯片或软件的生产成本,可能是前期投入的全部固定成本,但是后续批量化生产仅仅是复制而已,因此其边际成本就趋向于零;

一些跟原材料有关的基础产业,虽然不具备这个明显的成本特征,但是它们往往具有固定成本投资规模要求大、投入周期长、风险高等特征,如某些新材料等。因此,这些产业的生产往往会随着规模的增大,出现报酬递增的现象。

其三,产业进入门槛高。相对于加工组装产业,基础产业部门的发展对技术、知识和人力资本投入的依赖度大,这构成了中间投入品产业最大的进入障碍。由于技术、知识和人力资本的差异体现的是国家间教育水平的差异,因此一个国家的教育水平的高低是基础产业发达与否的终极决定因素。在国际竞争中,如果没有长期的、持续不断的、大规模的教育和研发投入,没有耐心和坚守,没有精益求精的工匠精神,没有在 GVC 上进行国际代工的经验,要在 GVC 上使这些产业"走上去",是根本不可能完成产业升级任务的。

其四,发展的外部性强。基础产业发展具有强烈的正外部性,一方面是因为这个部门的技术改进等供给方的进步(或停滞),会极其显著地影响下游用户的产品质量和产出状态;另一方面,由于它具有上述的第二、第三类特征,即投资规模大、投入周期长、风险高、进入门槛高等,使市场主体对其投资往往达不到社会意愿的规模和水平,容易产生投资不足、补偿不足的市场失败。这是在基础产业领域适当引入新型举国体制干预的重要的理论基础。

二、以动态比较优势为指导推进产业基础高级化

在开放型经济中,比较优势是各国进行产业分工和国际贸易的基本原则,倘若各国专门生产和出口其生产成本相对较低的产品和

服务,就会扬长避短,从而能够从国际贸易中获益[1]。这个理论反映了在上一轮经济全球化中的全球产业分工基本秩序,也反映了长三角地区劳动密集型产业的出口贸易量和资本技术密集型产业进口量迅速增长的历史轨迹。但是,如果联系中国赶超战略的现实看,该理论却在动态竞争中不容易被决策者长期接纳,对基于赶超发达国家和基本实现现代化的目标来说,对产业政策的实际指导作用存在着很大的不确定性和不稳定性,普遍会认为其存在着难以克服的内在冲突和缺陷。

第一,如果根据比较优势理论继续实施所谓的"扬长避短"策略,放弃对 GVC 上游的某些知识技术密集型的基础产业的追赶,那么在中国的赶超发展中,就完全有可能被上游的发达国家的供应商讹诈。因此,当静态比较优势与国家产业自主可控、安全高效的原则之间发生冲突时,理性选择必然是以动态竞争优势理论为指导,即短期看自己在某产业的竞争上可能没有优势,但是可以通过政府的扶持和适当的补贴,全力扶持这些原本处于幼稚状态的产业部门,奋力拓宽发展瓶颈,实施"扬长补短"策略而不是固守"扬长避短"的理论教条。

第二,当按照比较优势理论把自己定位于劳动密集产品的生产商时,其实我们并不可能排斥其他发展中的经济体也以初级要素密集者的身份加入全球产业竞争。当这些可能具有更强竞争优势的劳动密集型经济体进入全球化市场,而我们的商务成本却因发展原因而不断上升,产业升级出现一定的滞后时,我们可能陷入向上升级的空间被封杀而向下竞争的优势已经丧失的窘境。这种被"夹在

---

[1] 保罗·萨缪尔森,威廉·诺德豪斯.经济学[M].萧琛等译.北京:人民邮电出版社,2004:241.

中间"的竞争地位和态势是最可怕的。因为如果不能向上突破,就看不到任何的发展前景,非但不可能继续维持出口收入的增加,反而可能会陷入日益严重的增长陷阱。

第三,当我们把自己定位于专业化生产劳动密集型产品,很容易在全球价值链的分工网络中,被全球价值链"链主"即发达国家的跨国公司所俘获,很容易在市场势力非对称、资源能力非均衡的价值链分工结构中,被长期锁定在产品内分工的低端环节,其产业升级的任何努力,都容易遭到来自价值链"链主"的有效干扰和奋力阻击,因而陷入比较优势的陷阱,难以成功迈向产业链中高端,只能长期维持粗放型增长模式。

尤其是当前,随着全球化和信息经济的不断发展,一个国家拥有的要素禀赋和技术变化的特征日趋明显,这两个方面导致了决定该国参与国际分工的比较优势的变化。因此,静态比较优势理论对当前产业发展与贸易行为的理论指导和分析能力逐步降低,应从动态的眼光来看待比较优势理论,并用以指导发展中国家的产业和贸易升级。

三、巧用制度优势和市场优势

中央财经委五次会议提出,要充分发挥集中力量办大事的制度优势和超大规模的市场优势,打好产业基础高级化、产业链现代化的攻坚战。

一方面,集中力量办大事是中国的制度优势和政治优势,在新形势下被称为新型举国体制。在解决产业基础高级化、产业链现代化问题上,这个体制的新,主要体现在:一是适用的产业范围小,主要限于某些市场自调节机制失灵的领域和活动。如基础产业在技术水平国内不能突破、国外又出现断供等严重障碍的情况下,可能就需要发挥国家动员科技力量和资源的优势,集中进行攻关和突破。二是要以市场机制为基础或为补充。表现在对某些基础产业的集中攻关,首先要建立在市场需求的基础上,看不见市场需求或没有市场需求的项目,要非常谨慎。另外,在集中研发攻关的过程中,要注重以市场化手段激励人才要素等。三是动员的市场主体更加广泛。除了可以让国有大中型企业承担攻坚克难的任务外,也可以放手让民营企业、科研机构、大专院校齐心协力参与。四是集中力量办大事的手段和方法更多、更加灵活。如对生产者的补贴可以转化为对消费者的补贴,从而抑制产能过剩、扩大有效市场需求;再如可以从政府补贴转化为利用资本市场的鼓励创新创业功能。

另一方面,在应对国际经济环境发生变化的基本背景下,分析和研究如何培育和利用国内超大规模的市场优势问题,具有十分重要的战略转换和政策选择意义。超大规模市场是我国继生产要素价格优势逐步消失后,未来参与国际产业竞争的巨大的比较优势,甚至可能是绝对的优势,也是我们在新时代可以充分有效利用的重大的战略资源:一是超大规模市场可以在开放条件下更好地体现发展的自主性,如可以据此建立门类齐全、竞争力较强的产业门类,也可以依托其取得产业和企业的规模经济,增强国际竞争力。二是超大规模市场还可以用来促进基础产业的创新发展,因为市场需求是拉动技术创新的最主要力量,需要是发明之母,可以对产品和技术提出明确的或潜在的要求,通过发明和创新活动,创造出适合这一需求倾向的适销产品。三是超大规模市场可以培育本土企业的自主技术和自主品牌,即首先立足于本土文化,在本国市场中被逐步培育起来,发展成为本地著名品牌后,再进行大规模市场扩张和国际市场的开拓,从而逐步成长为世界著名品牌。四是超大规模市场还可以激励国内外竞争者提供替代性供给,打破单一技术垄断格局,甚至吸引它们通过 FDI 提供产业和技术转移的激励。

因此,如果我们在培育和利用超大规模市场优势的基础上,再把新型举国体制的制度优势发挥出来,就可以为打好产业基础高级化的攻坚战和推进长三角一体化高质量发展提供良好的宏观条件。

第九章　长三角一体化
发展中跨区域世界级产业集群建设

　　随着疫情后国际竞争以及产业链本地化、毗邻化、区域化的趋势的进一步加剧,单个区域集群的参与国际竞争优势正在逐渐弱化。当前,长三角推进产业集群建设仍是以市、县这样的行政单元为主体,客观上是以地理界限将产业集群分割的,一定程度上限制了世界级集群的打造。构建跨区域的世界级产业集群应当成为长三角一体化的重要内容,成为长三角产业合作的重要突破口。通过将单一地域的产业集群的网络组织扩展成为多地域的产业集群网络,变产业集群内的分工为产业集群间的分工,从而缓解长三角区域之间产业过度竞争,增强产业链供应链的效能,让长三角的产业集群在"十四五"时期为我国科技自主自强和现代产业体系建设做出更大贡献。

第一节　世界级产业集群
是长三角一体化发展的重大现实需要

一、世界级产业集群的基本内涵

长三角地区要建设世界级产业集群,首先需要明确的是其基本内涵。这需要从以下几个方面进行思考。

(一)世界级产业集群的先进性

世界级产业集群的主体是先进制造业,而先进制造业是和传统的制造业相对应的,其产业载体要能引领未来的科技方向,需要在以下方面有所体现。首先,产业具有先进性,集群内的行业需要具有高技术含量以及高附加值的高端产业,要以当代高新技术为基础,代表未来的产业革命发展方向,具有强大的战略引领性,能够引领其他相关产业技术进步、产业调整升级和产品创新;其次,技术具有先进性,企业要有较强的自主创新能力,具有较高水平的关键工艺,掌握一批具有自主知识产权的前沿技术和关键核心技术;再次,产品具有先进性,产品技术含量高,具有较高的质量和工艺水平,具有较大的国际竞争力,占有较大的国际市场份额;最后,组织管理具有先进性,企业生产组织具有良好的经营理念,集群内有高效优质的服务平台和合作平台。

（二）世界级产业集群的集群性

集群性也包含两个方面的内容。首先，先进制造业在特定区域的地理集中和空间发展，是一批产业链上相关的企业在特定区域空间的集聚，囊括从原材料到终端生产制造的产业链的上下游环节，拥有较为完整的产业链、供应链和服务链。不仅包括加工生产制造环节，而且包括价值链上下游的生产性服务环节。因此，先进制造业集群不再是传统意义上的某些特定产品的"生产加工基地"，而是具有自主核心技术、自主知识产权和自主品牌的"服务型制造基地"。且集群具有较强的溢出效应，对本地产业发展乃至相邻区域经济发展具有较大的带动和辐射作用。其次，先进制造业在空间组织形态的虚拟集聚。互联网的发展使产业可以在网络空间而非地理空间进行虚拟集聚。互联网降低了传统产业地理空间集聚的优势效应，但是促使了新的物流形式的形成，降低了地理空间集聚的运输成本。此外，各种交流以及讨论可以通过互联网进行，大大节约了交易成本、信息匹配和选择成本。

（三）世界级产业集群的世界性

首先，世界级的先进制造业产业集群，强调的是该特定区域的产业集群在全球分工和世界经济格局中具有重要的地位。集群中的产业高度融入全球化，积极参与经济全球化和国际产业分工体系，其制造业产品能够深度嵌入全球价值链，集群内企业能够组织运用全球范围内的生产要素生产出适应全球市场需求的产品。其次，产业集群在全球价值链和创新链中占据主导地位，在产业价值分配中具有较大的话语权，产品具有较高的附加值，在国际市场上具有较强的市场份额和市场实力。

二、长三角构建跨区域世界级产业集群的现实需要

产业循环畅通是形成双循环发展新发展格局的关键。"十四五"时期，长三角在国内国际循环中发挥更大作用，一个重要的着力点是构建有能力参与国际竞争的世界级产业集群，这需要发挥长三角跨区域的整体力量。

(一)长三角担负我国建设世界级产业集群的重任要适当进行目标聚焦

世界级先进制造业集群是我国畅通产业双循环的重要载体，长三角是我国最有条件构建世界级产业集群的地区。但从发达国家和地区的经验来看，世界级产业集群不可能数量太多，发达经济体总是若干个产业领域在世界上具有竞争优势。长三角各个地区可以根据各自产业发展条件进行定位，但是从培育世界级产业集群参与国际竞争来说，则需要聚焦有限的几个领域，这就需要长三角范围的跨区域联合。

(二)长三角构建世界级产业集群要打破一定的地理行政界线

美国硅谷的互联网经济和西雅图的航空产业集群，日本、德国的汽车产业集群，中国台湾新竹的集成电路产业集群，珠三角深莞以华为、中兴为代表的通信行业集群，这些产业集群的边界并不是以严格的地理界限为标志的，而是因为科技要素的网络化共享形成的。因此，长三角要集中力量打造世界级的产业集群，就要突破一市、一县这样较小的地理尺度，应当强调跨区域的集群合作和资源

整合。

(三)跨区域的产业集群应当成为一体化制度建设的重要内容

跨区域产业集群本身是一个非常典型的一体化问题。长三角一体化在交通、环境、能源、民生等方面已经取得了显著进展,但由于我国经济转型时期较为特殊的地方政府竞争性体制,开展有效的区域产业合作始终是一个难点,而跨区域的产业集群建设可以成为产业协同发展的一个重要方向。目前,在长三角"一岭六县"等省际毗邻地区的一体化建设中,已经初步提出了共同打造"两山"转化样板区、新兴产业集聚区、创新成果承载区的规划,而跨区域产业集群的内涵还可以更为丰富,比如历史上具有传统产业联系的苏南、上海、浙北邻近地区应当以产业集群的形式打破行政壁垒;跨区域的产业集群一体化是省域、市域经济一体化的重要抓手;将产业集群内的企业协作分工转变为产业集群间的分工,提升长三角整体产业竞争力。

(四)跨区域的产业集群可以在稳产业链供应链中发挥更大作用

在单个行政区域或者产业集聚区内进行产业链和供应链的保障是不经济,也不现实的,迫切需要长三角范围内的协同合作。当前长三角为稳供应链产业链而普遍提出的"链长制",需要有更高的站位。在未来发展格局中,如果能够实现将分散的地区产业整合成整体产业链或大产业群,并通过对具有上下游供应关系的产业集群进行有效的跨区域联结,则既能够提高整体产业链上企业的竞争优势,又能够利用区位比较优势提供产品、技术、服务以及相似背景人力资源方面的配套共享,那么区域经济就容易形成分工协作的产业格局,实现区域分工与竞争的均衡,提升整个产业的国际竞争力。

(五)跨区域产业集群可能是缓解长三角区域之间产业过度竞争的一个有效办法

长三角在转型升级过程中,各地对战新产业、前沿产业的项目竞争白热化,一些地方不仅给予土地、税收等方面的优惠补贴,甚至深度介入企业融资,将政府资源与招商引资项目的经营成败深度绑定,其中固然有不少成功的案例,但也形成了很多负面效应。当然现实同时也表明,采用产业行政规划的方式指导"这个地方搞什么产业、那个地方不搞什么产业",实践上是行不通的。构建跨区域产业集群可能提供了区域产业良性竞争的一条思路,尤其是将行政毗邻地区的产业集群规划在同一蓝图中,在这样普遍联系的产业"大集群"中,要素流动障碍导致的扭曲有可能会得到缓解,地方政府的产业发展和竞争政策将相对容易协调。

第二节　长三角建设世界级产业集群的基础、短板和对策建议

一、建设长三角跨区域产业集群的良好基础

长三角一体化战略实施两年多来,规划政策体系"四梁八柱"初步构建,软硬件建设取得显著实效,为长三角这一全国产业高地构建跨区域合作奠定了良好的基础。

第一,交通一体化在内的基础设施一体化取得显著进展,为长

三角打造跨区域产业集群提供硬件条件。长三角毗邻断头路不断打通，航空、铁路、港口枢纽建设不断提速，能源一体化初见雏形，传统经济理论中关于技术外溢和网络共享限定在产业集聚区之内，并随着地理范围扩大而递减的观点受到了挑战。我们在调研中了解到，苏州、江阴等地在口罩等纺织类防护物质生产过程中，配套很多来自浙江绍兴、湖州地区；江苏沿江船舶海工的钢结构来自苏北宿迁等地。这些长三角的供应链配置都可以在一两天甚至几个小时之内完成，我们不能说这在地理上是产业链分散的，不能说没有形成有效的产业集群，由于交通距离而将它们分割为不同的产业群落的观点已经是不合时宜。

第二，后疫情时代数字技术应用进一步深化，为产业集群网络进一步突破地理尺度限制创造条件。尽管疫情对经济的冲击终究会过去，但疫情期间培养起来的数字化运营趋势却是不可逆的。经此一疫，企业对数字化转型的重要性认知迎来升级，未来的转型需求将聚焦管理智能化、业务数字化、企业平台化、服务共享化等维度。企业主动拥抱数字化、打造智慧企业的决心和意愿得到指数级增强。可以预见，企业之间通过数字技术进行知识交流、供应链交易将更加频繁，长三角新基建加速更为此提供支撑，这些都有利于集群之间的合作。

第三，长三角地区具有天然的产业联系，在一体化过程中应当不断深化这种传统的产业联系。区域的经济条件、人文条件和社会条件的历史和现实维度，是形成区域产业联系的主要基础。长三角人文相近、文化相通，化工、纺织、农产品加工等产业在我国民族工业发祥时期就有普遍的联系；改革开放之初，上海的"星期天工程师"是苏南集体经济和乡镇企业的重要技术支撑；如今，上海与昆山之间形成台资总部与制造高地之间的密切联系,成为合作共赢的典范。当前上海进一步发挥国际城市的功能优势,苏浙皖发扬制造业、数字经济以及前沿基础研究等长处,有条件实现更高层次的产业互动。

除此之外,前期长三角一体化过程中探索出的一些比较成功的做法可以进一步推广到跨区域产业集群建设中,比如:

第一,飞地经济模式的升级应以产业集聚的形态为主。飞地经济是长三角的一个品牌,但现在相对欠发达地区也面临着环境、土地、劳动力等要素制约,过去通过飞地经济转移的部分产业,现在欠发达地区同样不能承载。当前飞地经济应当以科技型、环境友好型产业基于差异化分工形成集群间协作为主。企业出于提升竞争力的内在动力,通过地域分工建构起企业原驻地产业集群和飞地产业集群之间的网络联系,进而通过园区联盟等形式,将既有资源传导至飞地产业集群,实现两者之间资源流动,带动产业集群双向升级。这种梯度化转移的模式,也为长三角在"十四五"期间保持制造业比重稳定提供了迂回空间。

第二,共享性设施和制度安排突破单个集群的边界。在地理毗邻地区,以跨行政区的大集群为基本单元,统筹规划交通、电力、供水、排污等基础设施建设和会展中心、信息中心、培训中心和检验监测中心等功能性支撑机构建设,减少公共产品的重复投资,有效推进产业集群跨区域整合发展。此外,长三角正在加大创新券通用通兑政策实施的广度和深度,但在"通兑"环节仍有梗阻,这一政策可以考虑通过园区联盟等形式,以跨区域产业集群为载体进行更深入的试验推广。

二、建设长三角跨区域产业集群面临的短板

根据对江苏的详细调研,可以发现长三角地区对于建设跨区域的世界级产业集群,可能会面临着以下五个方面的短板:

(一)重点集群的创新能力仍不强

江苏生物医药和新型医疗器械产业的专利申请量和发明专利申请量位居全国第二,但专利授权量和发明专利授权量仅位居全国第四。与国外来华的专利相比,江苏仅在现代中药领域的专利申请量和授权量中占优势。高端纺织产业集群中的恒力集团拥有江苏世界单体产能最大的 PTA 工厂,有全球排名前三的涤纶化纤处于国际领先水平的盛虹集团,这两家企业的专利申请量占国内纺织纤维专利申请总量的 6.3%,但恒力只占同类国际巨头宝洁公司来华申请的 1/3、纳幕尔杜邦公司的 1/3。

(二)部分集群产业链供应链存在风险

一些集群虽然产业链条整体较为完整,但是关键环节、关键原材料和关键零部件仍然掌握在国外企业手中。比如,江苏新型显示集群产业链条基本完善,涵盖了材料制造、设备、组装、面板制造、终端应用全产业链一体化集成体系,但在关键环节 OLED 材料、显示芯片、遮模板及部分靶材上仍薄弱。节能环保产业集群中,脱硝催化剂、反渗透膜材料、高端环保滤料、挥发性有机物检测设备等 95% 以上仍依赖进口产品。

（三）少数产业集群受制于市场空间饱和

比如,江苏船舶海工集群产业占全国市场份额长期在1/2左右,但是自从2008年金融危机以来,由于国内外宏观经济因素以及产业自身发展阶段的原因,市场长期处于平缓低迷的状态,产业集群的成长空间不足。智能电网产业集群是唯一一家国家火炬计划电力自动化特色产业基地,总量占全国的一半以上,但受供给侧结构性改革、电力消费结构变化等宏观环境影响,电力需求增速减缓、电力投资区域下降等不同程度存在。

（四）集群内各个主体合作协同程度不高

一些集群普遍存在集而不聚的状况,集群成员间的联系松散,协作渠道不畅通的问题还较普遍。表现在:一是公共服务平台存在短板。总体上看,各地在产业集群研发和检验检测平台方面进行了较高的投入,但是通过互联网平台接入各类企事业单位硬件设备实现共享使用、提升利用效率方面仍有阻碍。二是创新主体合作较少。江苏企业与高校科研院所合作申请的专利量(276件)不及北京(724件)、广东(279件),产学研合作程度不高;在企业之间的创新合作方面,江苏多个创新主体共同申请专利的多为集团内部公司,企业之间合作并形成有效保护的较少,江苏仅463件,合作专利量不及浙江(1081件)、广东(1026件)和北京(978件)。三是部分集群龙头带动作用不强。虽然徐工集团等龙头企业在区域产业集群中发挥了对上下游企业的联动作用,但多数产业集群更多体现同类企业横向集聚,龙头企业与中小企业协同发展的良好生态尚未形成。

(五)产业集群的政策协调度不够

主要表现在:一是省市之间协调不够、地区的部门和载体之间协调不够。总体上看,职能部门推进集群工作有效抓手不多,当前主要以指标考核的方式指导区域集群工作的模式略显简单,条块之间政策协调为集群赋能的管理机制亟待构建。二是地区共同建设集群的协调不够。部分产业集群是两个或三个市联合推进集群建设,比如,海工装备和高技术船舶由南通、泰州、扬州联合推进,生物医药和医疗器械由泰州、连云港、无锡联合推进,但由于缺乏顶层体制机制设计,市与市之间明显缺乏互动协调。三是现有促进机构大多数难以胜任角色。工信部将集群促进机构作为以市场化方式推进集群的重要生态组成,过去以行业协会作为促进机构的模式在实践中明显感到力量薄弱,目前各个集群的促进机构建设普遍面临两难困境:市场化的机构缺乏推进抓手,政府性背景的机构又回到职能部门主导的旧模式,亟待以市场化导向创新制度设计。

三、建设长三角跨区域产业集群的对策建议

跨区域产业集群是长三角,乃至省域、市域层面一体化过程中统筹产业发展的重要手段,在新一轮长三角一体化高质量发展中值得重视。对此,笔者建议:

第一,将构建跨区域产业集群作为重要议题,尽快纳入长三角一体化的规划和合作中。产业合作是长三角一体化高质量发展的重点难点。当前,可以考虑将跨区域产业集群作为产业合作的一个有效突破口,力争在三省一市层面上形成成果。建议:(1)借鉴上海

等地编制产业地图的经验,长三角以产业集群为基础编制整体产业地图,根据集群之间的资源整合共享、产业链配套编制专项发展规划,从稳产业链供应链的重点任务出发,在集成电路、生物医药等长三角重点集群率先探索合作路径。(2)拟实施的长三角一体化发展投资基金要充分发挥在跨区域产业集群的引导功能,协调平衡产业集聚区、企业等各方利益,创新产业集聚区跨区域合作的制度安排。

第二,上海聚焦高端产业跨区域集群合作,积极发挥龙头带动作用。上海提升城市能级和核心竞争力,提出保持先进制造业比重总体稳定、发力发展高端产业推动经济高质量发展,但是,上海的产业发展总体上还是受空间限制,通过跨区域的协调借力发展就尤为重要。建议:(1)上海发挥跨区域的总部经济优势,做周边产业集群优秀企业的总部。(2)上海积极布局相关的创新链方向,为长三角先进制造业产业集群发展提供高水平科技供给,发挥支撑全局高质量发展的重任。(3)上海聚焦布局人工智能、集成电路、生物医药、新能源汽车等高端产业集群,在这些重要领域与长三角其他有条件的地区形成跨区域产业合作的示范。比如,在地理毗邻地区,上海张江和苏州工业园的生物医药产业连片互动发展;对新能源汽车这样产业链较长的产业,上海利用终端整车的优势与其他新能源汽车零部件集群形成紧密的产业链供应链联系;在基础科学与产业应用结合紧密的人工智能、量子信息等领域,上海的相关产业集群与合肥基础研发学科群实现有效互动。

第三,长三角职能部门联合遴选若干示范区域,授予跨区域产业集群相应称号。由政府相关部门根据产业发展特色对重点地区授予产业集群的称号,仍然是当前推进产业发展工作的一个重要方式。一定程度上改变目前以市、县为行政单元授予产业集聚"称号"

的方式,长三角经济职能部门尝试以产业联系、资源共享、网络互通为标准共同遴选若干共建的跨区域产业集群,这样较为正式的制度安排有利于各方工作的推进和协调。

第四,积极利用工业互联网为代表的数字技术,打造跨区域产业集群合作的虚拟化平台。结合国家先进制造业集群培育对象发展基础和优势,长三角率先开展先进制造业集群虚拟化转型试点,提出依靠虚拟化平台推动合作的思路。依托"链主"企业搭建区域级或行业级工业互联网平台,重点面向长三角整个区域的重点产业集群,推动企业数据向云端迁移。通过数字技术实现研发设计、生产制造、销售服务等各环节在平台上的互联互通,共享平台计算能力和数据资源,实现多主体在虚拟空间的集聚与协作,开展协同设计、协同制造、协同运维、供应链协同等业务。

第五,借鉴长三角一体化绿色生态示范区、飞地经济等模式创新考核思路,对跨区域产业集群进行跨行政区域考核。为了鼓励跨区域合作与协同,改变各产业集群之间独自发展、过度竞争的状况,考虑将长三角一体化示范区、飞地经济等已有探索运用到跨区域产业集群的合作中,制定跨区域集群的投资产出指标考核、土地资源共享的税收分享制度等,允许地区生产总值、工业总产值、项目投资、税收等经济指标在合作地区之间分解,充分发挥考核的激励导向作用,为长三角一体化的产业合作探路。

第三节　案例分析：
泰兴化工产业集群迈向世界级化工产业集群

一、泰兴化工产业集群的总体概况

　　成立于 1991 年的泰兴经济开发区,位于长江三角洲核心城市——泰州市的西南部。区内产业基础优越,公用设施配套完善,发展精细化工产业具有得天独厚的优势。首先,具有港口优势和水运交通优势。开发区建有日供水 5 万吨的自来水厂、日处理能力 10 万吨的污水处理厂、年处理 2 万吨的固体废弃物处理中心、总装机容量 15 万千瓦的热电装置、3 个 11 万伏的变电所和 1 个 22 万伏变电所。总投资 2500 万元的滨江大桥使南北片区联动发展。区内 6 公里的长江岸线已建有通用、化工、建材、液化气、油品等多座码头,其中万吨级对外开放码头最大停靠能力为 5 万吨,可开展集装箱和散货的装卸业务;万吨级的专用液体化学品码头,可接卸多种化工原料。海关、商检、边防、海事等机构俱全。其次,具有陆地交通优势。公路——宁靖盐高速公路和宁通高速公路在泰兴穿境而过,经由江阴长江大桥直接与沪宁高速连接,形成本地区发达的高速公路交通网络,大大缩短了泰兴与上海及苏南发达地区的时空距离。宁通高速公路在泰兴境内的 3 个出入口距离开发区仅 10 公里左右,并有两条一级公路(北二环西延线、泰常线)与之相通,江苏 316 省道“如过线”西起点始于开发区内。铁路——连接陇海线和京沪线的新长铁路在泰兴贯穿南北,并在距离开发区25公里的黄桥镇设有"新长铁路泰兴站"。最后,空运条件便捷。航空——泰兴距上海浦东机场2.5小时车程,距上海虹桥机场和南京禄口机场2小时车程,北距盐城南洋国际机场2小时车程,西距扬州泰州机场1.1小时车程。

经过多年的发展,开发区共有企业近140家,销售亿元以上企业近100家。全区经济保持了持续快速健康发展的良好态势,开发区工业总产值由2013年的585.25亿元增长到2017年的1357.01亿元,总产值年均增长率达到了24.02%。2017年,泰兴经济开发区全区实现地区生产总值208.6亿元,同比增长27.2%;完成工业国税开票销售805.8亿元,同比增长23%,完成市交任务的105.3%;实现服务业增加值32.2亿元、税收3.04亿元;建筑业税收9910万元,增长46%;协议利用外资突破10亿美元,实际利用外资达1.71亿美元;外贸进出口总额23.7亿美元,增长31.7%;完成固定资产投资261.9亿元,增长6.54%,其中产业投资228.5亿元,增长7.3%。2017年开发区全年共实施亿元以上重大产业项目102个(1亿美元或10亿元人民币以上23个),总投资593.6亿元,其中新材料项目31个、高端精细化学品项目12个、服务业项目22个,项目结构不断优化。

作为长三角地区最具活力的开发区之一,泰兴经济开发区形成了高端与专用精细化学品、化工新材料、生物医药、高端装备(海洋船舶工程)制造等产业链明晰的产业集群,呈现出"规模企业集聚、优势产品集中、主导产业集群"的发展格局。化工产业占全区经济总量达70%,占泰兴市经济总量的近50%,在全国502家化工园区中的排名跃升至第六位,成为全国精细化工领域一块响亮的牌子。目前,核心区已入驻20多个国家和地区的企业100多家,其中世界

500 强企业 14 家。这里,拥有全球最大的氯乙酸和酞菁颜料生产基地、亚太地区最大的聚丙烯酰胺生产基地、国内最大的连续法高品质氯乙酸生产基地、华东地区最大的环氧乙烷及衍生物生产基地等化工新材料产业集群。泰兴经济开发区为了加快转型升级、实现高质量发展,紧扣"创新转型、绿色发展、能级提升"三大主题,加快打造"1+5+X"特色产业集群,坚定精细化工主业不动摇,全力打造世界级精细化学品产业基地和国际合作区(中荷合作产业园)。加快拓展非化产业、战略性新兴产业,全面启动新材料、医药、日化、涂料涂装、高端装备制造(化工装备再制造)5 个区中园的规划建设。其中目前已经开园落户的产业园有新材料产业园、日化产业园和涂料涂装产业园。

二、对标世界级化工产业集群

泰兴经济开发区所在的长江三角洲城市群,是中国最大、世界第六的城市群,是我国经济发展水平最高的地区之一,区内化工产品生产和消费规模巨大,与石油和化学工业关联度高的纺织、轻工、电子电器、装备及农业生产十分发达,是我国化工产品的主要消费区域,也是泰兴经济开发区建设世界级精细化工产业集群的重要依托。同时,依靠长江黄金水道及便利的陆路交通条件,通江达海、东引西联,产品还可便利地辐射华南及中南部地区泰兴经济开发区,发展石油和化学工业具有较大的市场优势。而且从区域产业关联角度看,上海、浙江和安徽等周边省市良好的产业基础将为泰兴建设世界级精细化工产业集群提供良好支撑。一方面,区域化工产业较为发达,区域产业结构存在一定的差异,原油加工规模全国最大,可为泰兴提供较好的石化原料供应,有效解决泰兴用地空间不足和产业链上游产品缺乏的困境;另一方面,由于产业发展早、规模大,培养了大量的技术和管理人才,也储备了大量生产技术,这都是未来泰兴建设世界级精细化工产业集群可以倚重的优越条件。然而,从泰兴经济开发区发展状况及与世界上若干知名化工园区发展的对比看,其离建成世界级精细化工园区仍然有一定的差距,而准确把握这种差距是有效推动泰兴经济开发区建设世界级精细化工园区的重要基础。

(一)基础设施

一是从交通体系来看,区内铁路、公路、港口、航空运输都十分发达,为原料的运入与产品的运出提供了便利条件,但是,由于目前缺乏成熟的物流园区作为支撑,泰兴经济开发区的货运尚不成体系,在未来推动园区向世界级精细化工产业集群迈进的过程中,要进一步重视物流(如整合水陆货运联运等)对于产业升级的作用。

二是从公共管廊设施来看,目前泰兴经济开发区30多公里管廊里有区内企业需要的水管、蒸气、氯气等10多条支管,园区已有80多家企业实现了统一供热、供电、供水、供气和废水处理,142家企业间通过这条管廊实现了互为原料、隔墙供应、管道传输。但与世界上具有较强竞争力的化工园区(鹿特丹港和路德维希港化工园区)相比,泰兴经济开发区的管廊密度仍然存在较大的提升空间。

三是从园区的管理与运营来看,泰兴经济开发区的建设、管理和运营主要由泰兴经济开发区管理委员会负责,即在"金字塔形"的管理人员架构基础上,园区管理委员会共设立招商局、规划局等若干部门,部门之间分工明确。但在此过程中,与新加坡裕廊岛设立的管理局和经济发展局类似,园区内的企业参与园区的管理与运营不足。未来,如何更加有效地建立园区开发管理与企业发展诉求之间的对接,是进一步推动泰兴经济开发区建设的难题。

四是从人才保障体系来看,泰兴经济开发区尽管多次下发相关文件扶持和吸引高层次人才来泰兴就业和创新发展,但园区仍存在人才培养能力不足和人才吸引条件陈旧等问题。未来,如何在培养满足园区需求的人才基础上,提出立足于园区自身发展优势的、更具有竞争力的人才引进措施是需要进一步考虑的难题。

(二)运营状况

与世界上具有较强竞争力的化工产业集群相比,泰兴经济开发区也具有较高的企业国际化水平,这主要表现在园区内跨国公司比重高。2017年,园区集聚了来自新加坡、荷兰、法国、美国等20多个国家和地区的化工企业约76家,其中跨国公司(包括外资企业和中外合资企业)34家,世界500强企业14家。如世界500强德国林德集团工业气体项目、日本森田化学工业株式会社慕名而来;超辰化工总投资13.6亿元,原料来自新浦化学、联成化学、协联众达等企业,将与园区相关企业结成上下游产业联盟。跨国公司的集聚体现了泰兴经济开发区较高的吸引力,也为提高泰兴经济开发区在世界化工行业中的竞争力提供了基础。

然而,园区集聚的主要是跨国公司低端的生产环节,研发和销售等高附加值环节并不多,这也与以跨国公司总部集聚为主要特征的世界上具有较强竞争力园区之间存在明显的差异,这也是未来泰兴经济开发区在建设世界级精细化工产业集群过程中,招商引资和企业转型升级的主要方向。而且,园区的国际化水平中跨国公司的总部或区域总部仍然明显偏小,"单打冠军"不足和园区集约化水平仍然偏低等,都说明了园区在建设世界级精细化工产业集群过程中仍然面临诸多困难。

(三) 环保情况

泰兴经济开发区始终坚持绿色生产的理念,通过各种方式建立和完善园区生产的环保制度,主要包括:充实环保监管队伍。经济开发区共有化工生产企业 86 家,理论上环保机构人员不得少于 15 人,并通过实行与开发区环保分局联动执法模式,解决编制人员不足问题。同时,加强监管人员的培训,确保环保队伍中的各监管人员都取得执法证。提升监管能力水平。招引具备足够化工行业专业知识的人才,加大对现有人员的业务培训力度;增大车辆、现场监管设备的采购力度,确保现场调度使用;定期组织环保法律法规宣传教育活动。制定园区企业管理体系。制定并实施《化工企业环境保护行为规范化建设指南(试行)》,指导和督促全面落实企业环境保护主体责任,建立内部环境保护责任制,加强环保机构建设,制定和完善环境保护管理制度,强化和规范企业环境保护行为。

在化工生产过程中,为了保障生产的正常运行和不对居民的日常生活带来负面的影响,设立必要的隔离距离是国内外相关园区规划中常用的办法。对于泰兴经济开发区而言,则采取了更加严格的措施以保障园区的生产不会对居民的生活带来负面的影响。泰兴经济开发区的企业集聚在 26 平方公里的化工园区之内,划分出居民居住区与园区生活和生产空间,二者之间的距离远远超过我国 1999 年起实施的《石油化工企业卫生防护距离》标准规定。这种居住与生产的长距离,有效保障了居民的生活安全,但也带来了居住与就业的分离,如何保障居民能够顺利上下班也是园区稳定运行和未来建设世界级精细化工产业集群的重要考量。

第三篇

长三角加快
打造改革开放新高地

第十章　长三角一体化发展与扩大对内开放

　　长三角等东部地区在改革开放中形成的"出口导向型"开放模式,在加快构建以国内大循环为主体、国内国际双循环相互促进的新发展格局下,必须对其内涵进行一定的扬弃和改造。出口虽然仍是拉动经济增长的"三驾马车"之一,但绝不可能仅仅依靠出口就可以实现一体化高质量发展。长三角地区的经济开放模式需要进行调整和转型,实现对内开放与对外开放并重。

第一节　长三角地区出口导向型开放模式的困境

　　2008年国际金融危机对我国经济的冲击,表面上是对经济增长速度的冲击,实质上是对经济发展方式的冲击。后金融危机时期各种现实清晰地表明,东部地区持续了30多年的出口导向型开放模式明显表现出不可持续性。

一、出口导向型开放模式下的贸易福利

根据国际贸易理论,一国或地区参与国际贸易特别是出口贸易,会增加本国或本地区的贸易福利。然而,"贫困化增长"理论则认为,尽管出口引致的经济增长所带来的财富会提高一国或地区的福利水平,但如果过度出口导致了该国或地区贸易条件的急剧恶化,并造成本国或本地区出口商品国际购买力的降低,超过了增长所带来的财富,这种增长就有可能使该国或地区净福利水平下降。从收入贸易条件来看,过去长期以来中国(包括长三角地区在内)的出口是一种高投入、高能耗、高污染的粗放型发展模式,因此中国的收入贸易条件呈现为改善还是恶化的趋势,需要在出口大量增加的情况下进行重新评估。从要素贸易条件看,由于劳动密集型产品普遍缺乏价格弹性和收入弹性,因而使得价格贸易条件下降的比例,超过本国出口部门要素生产率上升的比例,最终结果是要素贸易条件恶化,本国福利水平下降。而且,由于过于强调通过出口来拉动经济增长,其结果是经济结构中的外需产业过度膨胀,而内需产业相对萎缩。另外,出口导向型模式的低成本竞争降低了工人的工资收入水平,降低了对环境保护的水平,降低了当地居民的消费能力,形成消费遏制效应。

二、全球经济低迷条件下贸易壁垒和贸易摩擦增多

我国长三角等东部地区出口导向型产业的生产链处于末端,对国际市场需求较为敏感,外部冲击容易蔓延。在金融危机与欧洲债

务危机的双重影响下,欧美发达经济体重新审视并调整以往的信用消费模式,造成国际市场需求减少,出口增速放缓。同时,为了降低国内失业率和保持经济增长,危机国家和地区借机高举贸易保护主义大旗,并采取如绿色壁垒、技术性贸易壁垒等更为隐蔽的措施,进而引发更多的贸易摩擦,使得世界上的出口导向型国家和地区受到重创。中国已经连续十多年成为遭遇反倾销调查最多的 WTO 成员,连续好几年成为遭遇反补贴调查最多的成员,已成为全球最大的贸易保护主义受害国。

三、导致经济虚高增长与资源环境压力加剧

具有"飞地"特征的出口导向型开放模式发展还可能引发经济虚高增长、产业结构二元化、收入分配及地区差距增大、能源紧缺、环境污染等诸多问题,不利于经济增长方式转换和可持续发展。例如,有些消费在外国而生产在中国的高耗能产业,往往从国外进口原材料能源,在本地进行加工生产制造装配,自然,各种对环境的消耗和高的"碳排放"指标就会增加。

四、造成本土产业和企业的"依附性"特征

在全球产业价值链分工中,发达国家的跨国公司通常在研发、设计、品牌、营销等一个或多个环节具有优势而占据价值链的高端位置,发展中国家企业则一般处于具有生产能力优势的产业价值链低端。前者具有稳定的、不可替代的绝对优势,后者却是相对的生产优势,随时都面临着潜在竞争者的进入替代的可能性,如越南、印

度、缅甸等其他亚洲国家近年来已成为跨国公司的重要生产基地。东部地区的出口导向型开放模式具有显著的依赖于劳动力和土地等低端生产要素的"依附性"特征,其核心竞争力主要体现在加工生产和制造活动上,而缺乏足够的核心技术开发能力和品牌营销能力。不对称的优势决定了跨国公司始终处于产业价值链中主导和治理地位,而中国出口代工企业只能处于从属和依附地位。在出口导向型开放模式下,本土产业和企业无法实现内生化的价值链升级,根本上是因为受制于全球价值链链主的跨国公司,高级生产要素普遍外生化,而金融危机只是一个"放大器"和"加速器"。

第二节　长三角一体化
发展目标下转向基于内需的开放模式

中国第一轮以出口导向为特征的开放模式在 2008 年金融危机后逐步转向第二轮开放模式。这一轮开放的重点,是在需求结构转换的过程中,利用内需市场的吸引力促进中国企业从加入全球价值链,逐步走向加入全球创新价值链,利用全球创新要素尤其是高级人才发展我国的创新经济。与第一轮开放以加工贸易和吸收 FDI 的"两头在外"的开放模式不同,第二轮开放模式适用于具有"大国条件"的经济体,强调利用内需市场的巨大规模和优势,通过构建由本土跨国公司主导和治理下的国内价值链,大力创造、吸收和利用先进的高级生产要素和专业性生产要素发展壮大自己。

一、在扩大对内开放条件下，发展现代服务业和战略性新兴产业

实施新一轮的基于内需的开放模式,其重点是要坚持扩大对内开放,营造统一开放、竞争有序的要素市场环境,以现代服务业和战略性新兴产业为关键突破口,推进长三角一体化高质量发展。与过去的传统产业以"高投入、高消耗、高污染、低附加值"的代工制造业为主体不同,现代服务业和战略性新兴产业具有创新性、开放性、融合性、集聚性和可持续性的特征。这是产业结构现代化的重要体现。在发达国家的产业构成中,现代服务业发展比较充分,一般情况下现代服务业要占其GDP的70%左右,而我国长三角地区经济发展方式转变和产业结构升级的关键制约在于服务业特别是代表高级生产要素的生产者服务业发展,与发达国家相比仍较为滞后。因此,长三角地区尤其是上海,必须积极发展服务业,特别是科技含量高的生产者服务业,加快服务业发展升级。在服务业全球化和后危机时代国际产业大调整的双重机遇下,实现服务业跨越式升级,也要积极参与世界服务业大重组、大规模承接国际服务业转移与外包,积极参与服务业全球化进程,实现双循环相互促进。

同时,战略性新兴产业作为知识技术密集、物质资源消耗少、成长潜力大、综合效益好的产业,以重大技术突破和重大发展需求为基础,主导着全球生产要素资源和经济产出的流向,其发展水平决定着一个国家和地区在全球化中的利益分配,甚至关系一国和地区的经济振兴和战略安全。因此,战略性新兴产业的培育和发展无疑是长三角一体化高质量发展的核心内容和关键环节之一。长三角地区战略性新兴产业的发展,关键是要遵循各类新兴产业价值链驱

动的内在规律,发展价值链的"链主"环节,将产业规模优势转化为产业核心竞争力。要达到这一目标,应当立足现有要素资源和产业基础的比较优势,依托巨大的内需市场规模,充分发挥政府引导、技术支撑以及市场推动作用,形成内生化的技术创新和科技研发激励机制,并构建以自主知识产权为基础的专利池和技术标准,重点实施光伏设备装备驱动战略、生物医药专利战略、物联网标准战略等,加大对智能电网、新能源汽车产业链核心模块技术的攻关,实现战略性新兴产业与传统产业、现代服务业的融合发展,最终促成战略性新兴产业向价值链高端攀升。

二、以环境建设和创新人才培养为投入重点,营造开放的要素市场环境

国际分工理论认为,在要素可流动的开放经济条件以及一定要素质量条件下,通过要素质量阶梯相近的国际生产要素组合,往往是获取本国开放收益最大及进一步提升要素质量、培育高级稀缺要素的有效途径[1]。优质的生产要素培育环境和开放的生产要素市场是经济增长得以持续的动力源泉。国内实证研究也表明,对外开放和基础设施规模都显著地促进了中国省区经济增长,基础设施规模不仅可以通过作为一种投资直接地促进经济增长,而且还通过影响对外开放间接地作用于经济增长[2]。因此,为了寻求更高质量的国际要素组合,进而促进对外开放的经济增长效应,必须重视交通通信、能源资源、城市防灾等硬件基础设施建设,同时还要更加重

[1] 邹全胜.开放经济增长与动态要素质量:理论与实证分析[J].世界经济研究,2007(12):10-14,77,86.

[2] 毛其淋.对外开放、基础设施规模与经济增长[J].产经评论,2012,3(01):111-125.

视行政治安、知识产权保护、诚信公平、金融保险等软件环境的优化与完善，以高效廉洁的办事作风、科学民主的决策方式、安全稳定的治安状况、文明高雅的城市氛围、透明公平的市场环境、诚实友善的信用环境来集聚创新要素，进而推动东部地区的现代化进程。

人才是决定社会发展的第一要素，是科学发展的第一资源，人才竞争力是一个国家和地区的核心竞争力。经济发展方式实现由主要依靠要素投入扩大到要素质量效率提高的转变，根本在于人才。从"土地红利"和"人口红利"向"人才红利"转型，是东部地区加快构筑发展的长远战略优势和率先基本实现现代化的根本途径。以往中国的开放模式是以出口导向为主要特征和方式，采取的措施以"招商引资"为主；而新一轮的开放模式则更多地体现"招才引智"的特征，即通过本土市场需求规模和结构优势，让全球创新人才为我所用。长三角地区应该抓住危机后孕育新一轮技术革命和跨国技术贸易、技术合作与转移加快的时机，更充分吸纳全球科技、人才、知识和智力成果，大力引进和培养高层次创新创业人才，打造一支掌握国际先进高新技术、能够应对国际竞争的以科技型企业家和高端研发人员为骨干的领军团队，抢占科技制高点，加快建设创新型城市和区域的步伐。此外，现代市场体系的建设是培育高质量生产要素的基础，因为在市场竞争激励机制的作用下，以追求利润最大化为目标的企业就会主动创造或培育高质量生产要素。因此，在长三角一体化高质量发展过程中，必须建立统一开放的人力资源、资本、技术等要素市场，实现生产要素跨区域合理流动和资源优化配置。同时，地方政府需要及时清理和修订阻碍要素流动的法规和政策，合理界定政府职责范围，努力营造公平合理、平等互利、统一规范的市场环境。

三、从大力"引进来"到积极"走出去"，培育开放的跨国企业主体

在双循环的新发展格局下,跨国公司是世界市场上各类不同质量生产要素组合的微观载体。积极培育有较强国际竞争力的本土跨国公司,是吸收、集聚和创造高级生产要素的主要路径。首先,在扩大内需条件下,可以利用国内规模巨大且高速增长的市场,通过竞争和大规模的资产重组来塑造本土领导型企业,构建其主导和治理的国内价值链,创建自主品牌。然后,加快"走出去"步伐,发展对外直接投资,打造集聚全球化优势要素的平台。"走出去"的广度和深度,可以说是一个国家或地区利用国际资源和市场的能力以及经济国际化水平的集中体现,也是本土产业应对国内外环境变化、拓展发展空间、优化资源配置的必由之路。为此,要突破以往单一的"引进来"模式,将经营活动从单一的国内市场扩展到多元化的海外市场;通过国际化经营,为现有的产品和服务寻找新的顾客,同时通过全球布局寻找低成本的要素资源,获得低成本优势,在更大范围内学习新的技术、管理经验,积累对顾客需求的认知,更加注重获取关键技术、工艺流程和商业模式,全面提升核心竞争力。

第三节　案例分析:
长三角一体化发展示范区的定位与建设

如果把 2018 年前长三角各地推进一体化发展的实践作为上篇,而把这之后的国家战略行动作为下篇,那么不难发现,这两个篇章

之间在发展路径和激励机制上还是有很大不同的。在上篇中，各地政府推动一体化发展的动机，主要是为了在分散发展的体制中更好地融入以上海为龙头的发展中心，从而更多地分享上海发展的溢出效应；而在下篇的发展中，除了推动主体从地方政府转向中央政府、推进力度加大效果显著外，一体化过程也显示出必须更多地体现国家的整体发展意志，更多地考虑如何在更高起点上服务于深化改革、扩大开放、提升国家竞争力的重大战略，如何走好新时代完善我国改革开放空间布局的这盘大棋等。

一、长三角一体化发展示范区建设与扩大对内开放

长三角一体化发展示范区的设置，基本动因是上海出于打造扩大对内开放的核心承载区，更好地平衡对外开放与对内开放之间的关系，更好地发挥上海在长三角一体化国家战略中的龙头作用。这也正好说明，过去尤其是 20 世纪 90 年代初以来，上海在长三角一体化发展中的龙头作用，主要体现在发展外向型经济方面。而在对内开放的引领作用方面发挥得不够，既没有形成面向长三角和长江流域的核心承载区，没有一个对内开放的载体，也没有系统化的制度性的对内开放体系。一些让上海享受的国家战略优势和具体的优惠政策，也大多是从强化其国际经济、贸易、金融、航运中心地位的角度去设计的，不仅长三角其他地区无法复制和享受，而且对其他地区的生产要素产生了严重的虹吸和极化效应。这其中的主要原因有三点：

一是与国家出口导向型战略的趋势推动有关。1990 年浦东开发开放尤其是 2001 年中国加入 WTO 以来，我国发展战略的空间指

向是向东开放,面向蔚蓝色的海洋,加入发达国家尤其是美国跨国公司主导的全球价值链,以加工出口、利用海外市场驱动发展。因此这个时期的对外开放就是发展,对外部市场利用的重要性大于利用国内市场,对外开放的紧迫性大大高于对内开放。这就不难理解,在这个时期,上海不会把扩大对内开放作为工作的重心,不会放到必须完成的首要任务当中,不会去想如何建设好与长三角其他地区的协同机制问题,更不会去主动考虑如何建设链接苏浙皖的核心承载区。

二是与中心和周围关系的发展阶段有关。长三角一体化发展的内核是上海。这与国内其他地区如京津冀、珠三角有很大的不同,后者要么去中心化,要么缺乏明显的中心,而上海是长三角地区公认的龙头。上海与周边的江浙皖地区存在着长期稳定的"中心—外围"关系,在发展上总体上处于极化资源的阶段,表现为上海除了转移一些没有比较优势的传统产业外,在大多数时期都是其极化能力高于扩散能力,强烈地虹吸全球、全国尤其是长三角周边地区的生产要素和资源。因此如果说一体化发展就是要苏浙皖对接上海,那么在极化效应大于扩散效应的情况下,各地就既想通过对接上海获取溢出效应,又担心自己的发展势能被上海虹吸。这样,各地在推进区域一体化发展中的矛盾心理和谨慎措施就变得非常容易理解。

三是与分散化竞争的转轨经济体制有关。1978 年以来我国以放权让利为特征的改革,塑造了利益边界十分清晰和相对独立的地方政府主体,它们参与经济运行、对经济干预的程度很深。这一格局使其可以利用行政权力干扰生产要素的市场化流动,从而出现各种反市场一体化的倾向[1]。在长三角一体化发展的问题上,上海虽然一直是各地口头上坚决承认的"龙头",但是各地出于自身利益的考虑,心底里却都在打各自的"小算盘"。过去,即使是上海自身,也被其他地区抱怨为"不像大哥的样子"。尤其是邻近的江苏,由于关系一体化发展的最基本的跨地区基础设施,也存在很多的"断头路"等不通畅的问题,所以说起一体化发展便非常谨慎。如长三角地区的机场建设问题,由于全球 IT 产业主要集中在苏南特别是苏州工业园区一带,因此江苏方面非常希望虹桥机场能够建设更多的国际航线。但上海方面的决策是建设远离江苏南部的浦东国际机场,于是江苏不得不修建了苏南的硕放国际机场,但很快上海又回过头来建设虹桥枢纽[2]。

二、长三角一体化发展示范区建设的战略意义

利用示范区的形式打造进一步扩大对内开放的载体,其体现的国家层面上的战略意义是:

其一,它是国家发展战略转向高度重视对内开放的重要信号。未来中国经济长期平稳发展的一个重要问题,是我们如何快速转向对内开放的发展。中国目前已经到了对内开放的紧迫性超过对外开放的关键时期,对内开放是决定进一步对外开放的基础和前提。对内开放主要是对本土企业尤其是民营企业开放。如果对其开放不足,就会严重制约作为中国财富主要创造者的实力,而实力虚弱

---

[1] 张学良,林永然,孟美侠.长三角区域一体化发展机制演进:经验总结与发展趋向[J].安徽大学学报(哲学社会科学版),2019,43(01):138-147.
[2] 刘志彪.区域一体化发展的再思考——兼论促进长三角地区一体化发展的政策与手段[J].南京师范大学学报(社会科学版),2014(06):37-46.

的中国企业在国门高度打开后,是无法与外资企业进行有效竞争的,也无能力代表国家走出去参与国际竞争。因此,作为我国现代化经济体系建设最发达的地区,上海在长三角一体化发展中的龙头作用,必然由带动长三角、长江流域甚至全国的对外开放的角色,转变为如何通过长三角一体化发展示范区的建设,来带动长三角、长江流域甚至全国的对内开放的角色。

其二,它是从过度利用发达国家市场转向利用我们自己的庞大内需市场的重要信号。中国现在迫切需要纠正对内开放与对外开放之间不对称,出口导向与内需导向之间不对称,以及向东开放与向西开放之间不对称等一系列非均衡问题。解决这些问题的核心,在于培育和壮大国内市场。培育和壮大国内市场,除了直接的要改善收入分配和再分配状态外,更重要的是要从生产端提升生产率,做大可供分配的蛋糕。因此,对经济增长原动力的民营经济的刺激和鼓励政策,将直接影响和制约国内收入水平提升和国内潜在市场的扩大,将抑制我们利用内需吸收国外先进要素的可能性。一体化示范区给本土企业发展机遇,对于利用我们自己的庞大内需市场发展新经济业态,增强自身的发展动力,也具有举足轻重的意义。

其三,它是市场取向的改革不断加快的重要信号,地方政府竞争体制转向协调合作治理机制的重要决策。地方政府之间就经济增长和税收方面的竞争,是中国过去经济发展的重要动力之一,但也形成了严重的经济结构失衡状态。区域经济一体化发展,是习近平经济发展思想中的重要组成部分,在国家治理能力现代化建设中占有重要地位。为此长三角一体化示范区要在两个方面进行探索:一是市场的一体化,最重要的是撤除地方政府对市场的干预,消除行政壁垒,进行市场的充分开放和企业的高度竞争;二是政府层面的一体化,三省一市政府要让渡一部分行政权力交给由合约形成的公共机构,加快实施比如城际交通建设、医疗保障、养老、制度复制等方面的一体化。在企业层面,最重要的是应该淡化并逐步取消所有制分类管理办法,取消企业的行政等级和身份标识,建设统一有序开放协调的竞争性市场体制。

三、长三角一体化发展示范区建设的功能定位

根据地图显示,沪苏浙三地的交界处,涉及的行政区域在上海市主要是青浦区、松江区与金山区,在江苏是苏州市的吴江区、昆山市与太仓市,以及浙江省的嘉兴市嘉善县、平湖市。其中,青浦区、吴江区、嘉善县这三个地方最接近交界处。既然是一体化发展的示范区,那示范区建设的规模定位就不能选择太大,太大的话就是整个长三角区域的示范了,因此现在把它的示范范围放在县市一级比较妥当。有鉴于此,示范区建设的区域定位应该落在由上海市青浦区、江苏省苏州市吴江区和浙江省嘉兴市嘉善县组成的区域内比较合适。

如果这就是未来的一体化示范区,那我们不得不问的一个问题就是:这个示范区的功能如何定位呢? 有人说,这个示范区的功能应该定位于生态环保区。生态环保问题是任何地区都应遵守的基本原则,犯不着在这么重要的区域干这事。而且,如果是生态环保示范区,定位在沪宁杭高速公路带沿线可能更加合适。此外,行政区域交界处,过去大都是“三不管”地区,是行政管理的“真空地带”,往往也是污染性的产业集聚区。因此长三角示范区要严格进行环境保护,但是把它建设成为生态环保示范区,可能并不合适。

也有人说,这个区域的功能应该定位于一体化的体制创新示范区。形成一体化的体制机制,是实现这个示范区功能的手段,它并不是示范区建设的主要目的。况且,体制机制改革的示范,并不必然要在一个具体的、狭小的区域中进行,完全可以通过一些具体的项目,在长三角大范围内实施,这样更有现实的推广复制价值。

对长三角一体化发展示范区进行准确的功能定位非常重要。如果现在定位不正确,极有可能把这个示范区搞成普通的经济技术开发区,或者一般的、放大了的高科技园区。这将有违于建设长三角一体化发展示范区的初衷。从各方面的分析来看,定位为建设有世界影响力的科技创新中心示范区,是一种具有全球视野和中国方案的战略选择。我们不妨对此进行更多的以事实为基础的逻辑分析。

第一,定位为建设有世界影响力的科创中心示范区,是中国必须适应世界竞争的基本态势所决定的。目前,中国面对复杂严峻的外部环境和形势,是否拥有独立科技自主创新能力,直接关系国家竞争优势和民族的崛起。

第二,定位为建设有世界影响力的科创中心示范区,是由我国已由高速增长阶段转向高质量发展阶段的发展性质所决定的。高质量经济的重要引擎,新旧动能转换点在哪里?在科技创新。习近平总书记指出,谋科技创新就是谋发展,谋发展也需要谋科技创新,创新是引领发展的第一动力。因此,科技创新就是高质量发展,从而需要经济发达的长三角地区提供一个试验田。

第三,定位为建设有世界影响力的科创中心示范区,是落实以习近平同志为核心的党中央所作出的重要战略决策的具体行动。习近平总书记关于科技创新方面的重要论述,是长三角高质量一体化发展的重要的指导思想。加快向具有全球影响力的科技创新中心进军,是党的十八大以来党中央坚定不移的目标,十九大之后更是在逐步实施各项有力的推进行动。长三角一体化发展示范区的功能定位,不能忘记这样一个最重要的任务。

努力在推进科技创新、实施创新驱动发展战略方面走在全国前头、走到世界前列,加快向具有全球影响力的科技创新中心进军,这是中央在党的十八大之后对北京、上海两个世界级城市功能定位的明确要求。2018 年 11 月 5 日,习近平主席在首届中国国际进口博览会主旨演讲中再次要求上海这个中国最大的经济中心和改革开放前沿继续扩大开放,并给了三项任务:一是增设中国(上海)自由贸易试验区的新片区;二是在上海证券交易所设立科创板并试点注册制,支持上海国际金融中心和科技创新中心建设;三是支持长三角区域一体化发展并上升为国家战略。

其一,这意味着中央在上海原来的经济、贸易、金融、航运四大国际中心建设的基础上,增加了"全球科技创新中心"这一新目标和新任务。而且,这一新目标和新任务是基础性的,是第一位的。在科技发展决定国家实力的当今,形成全球科创中心的政治经济地位,要远远高于其他四个目标,完成这个目标也需要付出更多的努力。

其二,习近平总书记给上海的这个三大任务,都可以作为完成"全球科技创新中心"目标的战略支撑手段,它们之间具有特定的内在逻辑联系:增加自由贸易试验区的新片区,看起来似乎只是开放型经济区域的扩张,其实有利于长三角区域在开放中吸收国外的先进生产要素,从而实现自主创新。同时,扩大自贸区的新片区,也有利于把开放的能量向长三角其他地区进行渗透和延展;设立科创板并试点注册制,不仅支持了上海国际金融中心建设,更重要的是利用资本市场机制直接支持科技创新事业的发展。未来,大量利用政府直接补贴支持战略性新兴产业的传统做法已经不合时宜。发达国家的实践证明,对处于幼稚状态的高科技产业,最好的办法是利用风险资金和资本市场的支持。而长三角一体化上升为国家战略,不仅仅是为了建立统一的市场,利用规模经济加快提升长三角区域的国际竞争力,更多的是通过一体化发展机制,把上海向东的对外开放与向西的对内开放连接起来,实现三省一市的科技资源、人才优势和教育成果的协同利用和开发,加快把长三角建设成为科技创新的主导示范区,成为经济发展的新引擎。

其三,长三角一体化发展示范区定位为科技创新示范区,具有优良的文化、科教资源和产业的基础条件。长三角地域相近、人缘相亲、文化相通,这是长三角一体化示范区建设的历史基础。改革开放 40 多年来建立的产业实力、基础设施以及广泛的经济社会联系,是长三角一体化发展的物质基础。长三角地区由东向西的两条走廊,即 G60 科创走廊和沪宁合之间的沿江地区,分布着长三角乃至全国最丰富、最密集的大学和科研院所等科教资源。长三角一体化示范区可以依托于大学、科研院所,尤其是长三角数量众多的双一流大学进行创新创业。同时,也可以依托长三角的人才优势、企业创新主体优势、开放型经济优势、科技园集聚优势以及高科技产业集聚优势等,致力于科技创新成果的产业化。上海、南京作为科创中心,科技创新成果转化受制于高昂的土地成本、人工成本和其他制造成本,而安徽和江苏其他地区的沿江不仅有丰富的发展空间,而且这一带科技园区众多,高科技产业发展基础好,成果转化能力强,因而完全可能在"科技创新—产业创新"的协调方面做出示范。

其四,长三角一体化发展示范区定位为科技创新示范区,与其主要承担的对内开放任务也是一致的。过去的以出口导向为特征的全球化,主要是吸引外资进行出口加工,进入的外资企业往往把中国作为制造基地加工出口或直接作为销售平台,往往不在中国设置重要的研发中心;在这种外向型经济模式下,本土企业做的往往也是跨国企业早就设计和研发好的订单,自己本身没有多少创新功能,只有加工制造装配生产功能。而对内开放尤其是对民营企业开放,利用的是我们自己的内需,需要企业自己进行独立的研究开发和产品设计活动,由此必将逐步培育出我们自己的品牌和自主技术,从而有利于为建设创新驱动国家做出显著的示范。

第十一章 长三角一体化
发展与更高水平对外开放

"十四五"规划和 2035 年远景目标纲要提出,要全面提高对外开放水平,推进贸易和投资自由化便利化,持续深化商品和要素流动型开放,稳步拓展规则、规制、管理、标准等制度型开放。这意味着长三角一体化发展需要实施新一轮更高水平对外开放,不仅要"高水平引进来",通过国内平台环境的建设,利用内需虹吸全球人力资本、技术资本和知识资本;而且也要"大规模走出去",依托国内市场和出口导向战略中掌握的资源,在全球广泛配置那种可以就地吸收和利用的上述各种先进生产要素和资本。

第一节 高水平对外开放条件下的创新驱动发展

如何重新认识并正确处理好开放与创新、发展之间的关系?开放也是改革,因此开放与创新、发展之间的关系就是改革与发展的关系。这是过去的老问题,但在新发展格局下又具有重要的新内涵。说它们是老问题，是因为长三角地区一直就是在不断的开放中增强发展动力、纠偏经济结构和应对风险挑战的。说它具有新内涵，是因为一方面，实施新一轮高水平对外开放已对长三角地区创新与发展的模式产生新的挑战；另一方面，长三角地区参与新一轮全球竞争的动态比较优势，不可能持续依赖过去那种大规模劳动的数量投入，或仅仅依赖于体力和汗水，而必须主要依靠创新驱动，或主要依靠脑力和智慧。

一、长三角地区发展战略的自然切换与经济增长动力的重塑

出口导向的外向型经济与创新驱动之间，不仅不存在所谓的冲突和替代关系，而且在内涵上具有交互性、互补性，以及发展阶段上的继起性。

第一，从历史看，两种战略适用于不同的发展阶段，在时间节点的选择上具有继起性。在国内因收入水平低而导致市场容量较小的条件下，经济高速增长不可能主要依靠消费性内需而只有主要依靠投资或国外市场。只有如此，才能通过出口消化投资所产生的生产能力，通过出口的收入效应推动国内市场扩大和消费水平的提升。因此这时无论是投资驱动发展还是出口导向，都具有内在的、客观的必然性。当国内生产能力的持续扩张遭遇国际市场的瓶颈，出口难以继续成为经济增长的发动机，同时国内因人均收入迅速提高、潜在的消费性内需具备了扩张条件时，作为推动经济增长的供给端的动力机制——创新驱动因素才有可能也有必要登台入场。只有依靠创新驱动才能抵消要素成本上升趋势所导致的副作用，而且，由于内需规模的扩大，那种依靠国内市场培育自主技术和自主

品牌的可能性取得了扩展的空间。

第二,从逻辑看,两种战略之间存在交互影响关系。即开放型经济的发展水平影响和决定创新驱动发展的水平,反之亦然。例如,在以出口导向为特征的开放型经济发展阶段,开放与创新的交互影响表现为:一方面,中国企业依据劳动力比较优势,加入由跨国公司主导的全球价值链分工体系,基于外需进行出口,做国外早已研发好、设计好的外包订单。在与跨国企业的互动中,我国企业取得了以模仿为特征的技术进步。另一方面,由于贸易的增长主要是依靠劳动者的体力和汗水,而不是主要依靠脑力和智慧的优势,我国企业做的大多是低附加值的加工贸易,高附加值的环节大都掌握在处于价值链高端的跨国企业手里,我们成了别人零部件廉价的供应商。因此,这种以出口导向为特征的外向型经济是一种缺乏自主创新技术支持、以"打工"为主的初级阶段的开放型经济,但它是提升企业的学习模仿能力、为创新驱动发展打好基础的主要力量。

第三,从现实看,两种战略的性质在现阶段具有互补性。即来自需求端的动力与来自供给端的动力,应该共同致力于实现持续稳定的经济增长。作为需求端的增长动力,现阶段我国因收入水平较低和分配上的结构问题,还不可能像发达国家那样主要依靠国内消费,也不可能像过去那样,通过维持极高的储蓄率来扩展大规模投资,而是要发挥消费、投资、出口三驾马车的协调拉动作用。尤其是现在我国低成本的比较优势发生了转化,必须加紧培育新的比较优势,使出口继续对经济增长发挥较大的支撑作用。作为供给端的增长动力,创新驱动发展主要表现为综合要素生产率的上升,以及自主创新能力增强、对外技术依赖度的下降。现在,在国内要素价格的不断上升、传统产业的竞争优势不断弱化的条件下,企业只有依靠加速技术进步、提高劳动者素质和管理水平,才能够通过不断提升生产率,迅速消化和吸收掉要素成本的上升,才能使我们的产品和服务具有新的国际市场竞争优势。这意味着:只有进入创新驱动发展格局和结构调整的快车道,我国的出口竞争优势才能够继续保持[1]。未来主导国家发展命运的决定性因素是生产率提高,只有不断推进科技创新,不断解放、发展和提高生产率,才能实现经济社会持续健康发展。否则,在要素成本不断上升的压力下,中国极有可能过早地陷入所谓中等收入的陷阱。

因此,重塑长三角地区经济发展的动力机制,不是要从出口导向经济走向创新驱动发展,而是要针对单一出口导向型经济的缺陷,把它转型为基于内需的高水平开放型经济[2];针对单纯依靠投入驱动的经济发展方式,转型为依靠创新驱动的经济发展模式[3]。一般来说,由于战略决定体制,体制决定机制,机制决定活力、效益和发展,只有战略转型才有可能真正实现发展方式和动力结构的转型,因此,需要从出口导向的外向型经济全面转向基于内需的高水平开放型经济,从投入驱动转型为创新驱动。

二、新发展格局下开放与发展的主题:利用全球智慧和创业创新

基于内需为主构建高水平开放型经济,不是要回归过去的封闭

[1] Melitz Marc J. The Impact of Trade on Intra-Industry Reallocations and Aggregate Industry Productivity ,Econometrica, 2003,71(6):1695-1725.

[2] 刘志彪.基于内需的经济全球化:中国分享第二波全球化红利的战略选择.南京大学学报[J].2012(2).

[3] 刘志彪.从后发到先发:关于实施创新驱动战略的理论思考.产业经济研究[J].2011(4).

经济,不是要关起门来搞自主创新,也不是要以自力更生为目标,简单地搞进口替代,而是要扬弃过去单一的出口导向型经济,以中国庞大的内需把全球先进的生产要素尤其是人才资源引进来,创造条件让它们在国内进行科技创新和创业活动;同时,基于内需的支撑走出去,就地寻找和利用所在国家的先进生产要素,服务于国内本土企业的科技创新和创业活动,服务于国内本土企业全球竞争的需要。可以预计到,在这种高水平的开放经济中实施创新驱动发展战略,将培育出长三角乃至全国的本土企业参与新一轮经济全球化的新的动态竞争优势。

这就是新发展格局下我们处理开放与发展关系的主要议题,是开放、发展与改革问题在新常态下的转型升级版。我们把这个新的动态竞争战略简单地概括为"高水平引进来和大规模走出去,共同驱动构筑全社会创新创业的竞争优势"。其内涵主要包括三个方面:

一是以促进国内创业创新和更新国内产品市场为出发点,"高水平地引进来"。"引进来"绝不仅仅是引进物质资本或者消费品,而是要注重引进人力资本、技术资本和知识资本,即要以我国不断释放和起飞的内需为引力,以全球化发展的城市为载体,以优化的科技创新创业的制度环境为平台,以全球化企业为主体,大力虹吸全球先进科技、智慧、知识和人才。一方面,要最大限度地促进它们融入我国的产业体系,改造落后的产业体系,通过创新型人才破坏性的创新活动,使各类企业在我国创造出优质的、低污染的、高附加值的产品和服务,以更替当前我国低端生产的"世界工厂"形象;另一方面,要通过创造条件和优化投资环境,促进所引进的人力、资本、技术和知识,与国内创业创新的热情、政策和平台等因素充分地对接,激发激活国内的创业创新的活力动力。

二是以服务于全球市场和增强国内企业竞争力、影响力为出发点,"大规模地走出去"。"走出去"要注意从下面几个层面来增强中国企业市场竞争优势:第一,推动我国品牌企业参与境外基础设施和产能合作,推动我国高铁、电力、通信、工程机械以及汽车、飞机、电子等中国装备走向世界,向极具市场潜力的新兴市场渗透和延伸,以消化国内过度生产能力和市场竞争的压力;第二,依托于我国市场规模迅速成长的"母市场效应"[1],除了提升出口结构的水平外,还可以在"走出去"中就地"虹吸"国外先进生产要素尤其是高级人才,以此服务于国内企业的研发设计能力提升;第三,可利用我国巨额的外汇储备,扩大和增强在国外的投资,充分利用、控制所在地稀缺资源,增强我国企业在全球价值链上的产业控制力;第四,我国企业可以有效利用产品、资本的纽带,全面建立"国内与全球"之间的知识流动管道,构筑国内创新创业的双向流动机制,提升国内企业在全球创新网络中的地位。

三是要构建全方位区域对外开放新格局。第一,以对外开放促国内改革,通过构建和完善区域经济对外开放新格局,推动我国创新驱动国家建设步伐。例如,各地各具特色的自贸区,就是我国破解改革困境的单边自我开放战略决策,它的负面清单管理方式的试验和推广,为我国制度创新尤其是政府的简政放权和职能转换,提供了可复制的经验。又如,我国已经建设若干年的各类经济技术开放区的升级发展,将成为推动区内企业尤其是高新技术产业创新发展的重要载体,成为新一轮改革开放的新高地。第二,通过统筹多

[1] 李慧中,祁飞.扩大内需:基于"母市场效应"的理论评述[J].学海,2011(01):104-109.

双边和区域开放合作,在互利共赢发展的理念下,升级我国企业参与全球经济竞争和分工的形式,攀升全球价值链高端,逐步嵌入全球创新链。各类双边的自由贸易区、区域全面经济伙伴关系协定、中外投资协定等建设,表面看是各种开放措施,本质上是用开放的主动赢得知识交流和移动的主动,从而赢得发展的主动,赢得国际竞争的主动,是中国参与、推动经济全球化行动的具体体现。

一句话,在新一轮高水平对外开放中实施创新驱动战略,需要由基于出口导向为主的"模仿学习"的初级阶段,转向基于引进来和走出去共同驱动的"社会创业创新"为主的高级阶段。创新驱动实质上是人才驱动,构建高水平开放型经济促进创新驱动发展的新体系,关键是要促进创新创业型人才、技术、知识向我国集聚、集中、集结。"高水平引进来"的实质性内容,应由物质资本转向人力资本,千方百计推进全球创新型和创业型人才向中国移动和流动,增强他们在长三角和国内其他区域扎根的意愿,让他们的创新创业活力在国内形成社会氛围,激发国内全民创新创业热潮。这是在开放型经济条件下推进创新驱动发展的首要政策目标。"大规模走出去"应重视激发国内企业家的冒险精神,鼓励国内企业组团式走出去,利用当地资源进行再创新再创业,以增强国内企业在全球价值链高端的治理能力。

第二节　长三角地区应主动嵌入全球创新链

长三角地区实施新一轮更高水平对外开放的一个主要内涵,就是要在加入 GVC 的基础上,逐步全面地转向嵌入全球创新链(Global Innovation Chains,GIC），从实现要素驱动和投资驱动转向创新驱动下的一体化高质量发展。

一、全球创新链的战略内涵

GIC 是指企业在全球范围内搜索可利用的知识资源、关注资源使用权并且具备高度开放性的价值网络创新模式[1]。过去的技术创新,大多发生在企业创新网络、区域创新网络和国家创新网络中。随着技术创新变得更加复杂,越来越多的企业在信息、通信、交通等技术支持下,开始突破区域和国家界限,积极地寻求外部资源为己所用。由于企业间人员频繁的跨国流动所导致的技术知识的流动,以及用户、供应商、大学和科研机构人员对创新活动的深层次参与,使创新从企业内部的部门间协作,扩展到外部甚至国家之间的不同主体间的网络合作。

粗略来看,加入 GVC 与嵌入 GIC,虽然采取的都是全球化视野和开放的态度,而且前者是后者的基础和起点,后者是前者战略的转型升级,但是在战略内涵上两者之间有着显著的差异。主要表现在:

第一,目标不同。加入 GVC 进行国际代工,是为了最大限度地基于中国的比较优势,加速形成中国制造业的生产能力和出口能力;而嵌入 GIC 是为了最大限度地建立与世界的各种正式和非正式

---

[1] 全球创新链是一个崭新的经济学概念,它的研究途径接近全球创新网络和企业创新网络的研究视角。在全球范围内搜寻知识资源为己所用,建立与外界的各种正式和非正式联系,最大限度地提升网络价值,是全球创新网络的主要研究内容。企业创新网络的范畴放大至全球,就是全球创新网络(参见马琳、吴金希:《全球创新网络相关理论回顾及研究前瞻》,《自然辩证法研究》,2011 年第 1 期)。

联系,在全球范围内搜寻和利用知识资源和先进生产要素。新一轮全球化趋势,就是要"高水平引进来,大规模走出去"。其中,"高水平引进来",就是要有效地引进和利用全球科学知识资源,构建全球创新网络平台;"大规模走出去",也是为了在走出去中就地利用国外的知识、人才和技术。总之,使企业快速而低成本地完成复杂性创新、实现国家的战略意图。

第二,决定因素不同。加入 GVC 进行国际代工,是由中国经济数量扩张的战略取向决定的,具体来说就是要通过开放取得更大规模的 GDP、制造业附加值、进出口贸易、财政收入等增长;而向 GIC 升级是由中国经济提质增效、创新驱动战略所决定的。过去,通过增加内部研发投入获得技术优势,就可以在市场上获得超额利润。在新的全球化创新轨道中,关注对外部资源的有效利用,才能获得技术绝对优势的可能性。同时,更多的技术知识要求跨领域、多专业综合,也增加了企业囊括创新所需全部人才的难度。

第三,产业内容不同。加入 GVC 进行国际代工,产业发展内容主要是处于 GVC 底部的加工、装配、生产型的制造业成长;而向 GIC 升级就是要从 GVC 底部向处于两个高端的经济活动攀升,即向研发、设计和网络、营销、品牌、市场等"非实体性活动"即现代服务业升级。

第四,集聚经济活动的力量不同。加入 GVC 进行国际代工,需要的是低成本的比较优势,以廉价的生产要素和制造成本作为吸收 FDI 和全球订单的"洼地",一旦低廉价格的优势不再,原本集聚的经济活动会随之转移、散去;而向 GIC 升级,生产要素价格的低廉性被交易成本是否低廉所取代,交易成本是否低廉更加重要。最大限度地降低交易费用、优化吸收创新要素的平台和环境,创造全球人才云集的高地,才是竞争取胜的关键。

第五,需求推动的方向不同。加入 GVC 进行国际代工,利用的是外国对本国制造品的需求,即依托的是外需;而向 GIC 升级利用的是中国对外国先进生产要素的需求,即依托的是内需。美国等内需强大的国家的实践证明,内需规模越大,对其利用越有效,转向创新驱动发展的条件就越充分。

第六,行为主体间的关系不同。加入 GVC 进行国际代工,中国企业的交流关系主要是外包订单的发包者,这些发包者要么是连接终极市场需求的大买家(处于采购者地位的跨国企业),要么是掌握核心技术的生产商。发包者是价值链的治理者,自己始终处于竞争性零部件供应商的地位,其创新一般也是模仿性的技术学习。而向 GIC 升级行为主体(企业、大学、科研院所、政府组织、非营利机构及其个人等)之间虽然表现为相互间的长期正式或非正式合作与交流关系,但是创新目标由中国企业设置,创新过程由中国企业控制,创新成果的产权由中国企业掌握,因此它是自主知识产权的创新。

第七,后果不同。加入 GVC 进行国际代工,降低了中国企业进入世界市场的风险,降低了其能力不足和资源瓶颈的学习成本,拓展了中国企业的学习能力,使其可以在加工制造的基础上,逐步玩转其他能力,如网络、营销、设计等,创造了震惊世界的贸易和增长奇迹。而向 GIC 升级为技术相对落后的发展中国家企业提供了一条快速提升创新能力的途径。企业嵌入 GIV,可以低投入、低风险地利用全球最新知识资源,充分发挥后发优势[1]。GIC 融合内外资

---

[1] 国内外很多企业实践也证实了全球创新网络的高效。例如,思科公司虽然未像朗讯公司那样对贝尔实验室投入巨大人力财力进行内部研发,但它凭借积极搜索外界的创业公司,通过对外部资源的商业化,保持了与朗讯公司同步的惊人能力(参见[美]亨利·切萨布鲁夫等主编:《开放创新的新范式》,陈劲等译,北京:科学出版社2010年版)。

源,进行原始创新、集成创新和引进消化吸收再创新,也必将提升企业的自主创新能力,从而实现从"中国制造"向"中国创造"的转变。

二、长三角地区主动嵌入全球创新链的路径选择

（一）把科技创业创新作为链接长三角科教资源优势与创新驱动战略之间的行动变量

过去中国在 GVC 下发展出口导向的外向型经济,创新也是发展的基本动力。但是这种创新大部分是模仿式、平面式,以高强度投资为特征。而在新发展格局下的经济全球化路径选择,政府抓经济发展工作的重点、抓手、突破口就是及时地转向实施创新驱动战略;创新驱动的重点、抓手、突破口就是科技与人才工作;科技与人才工作的重点、抓手、突破口就是科技创业。科技创业,就是让科技资源通过一定的途径,经过一定的时期,转化为一个新的资源,或者是创造新财富的过程。它不是简单的投资项目,也不是大学和科研院所的研发活动,但是最终的落脚点是要通过创业成为一个企业,进而逐步发展成为一个产业。显然,把科技创业作为链接中国科教资源优势与创新驱动战略之间的行动变量,对于嵌入 GIC 战略来说,具有重要的理论和实践意义。

中国过去的快速发展主要靠人口数量的优势,而取得人口红利主要靠勤劳;现在人口红利逐步消失,而人才资源优势凸现,但取得人才红利必须靠智慧。转向创新驱动的发展方式,不仅意味着推动增长的引擎必须转向,而且意味着它同时会带动以下三个方面的转型。一是产业结构的转型,不仅要求战略性新兴产业成为主导产业,更要求现代服务业成为支柱产业;二是企业结构的转型,使科技

企业成为主体;三是技术进步模式的转型,最早的是国际代工型的技术进步,后来是技术模仿型,现在要转向自主创新型技术进步。一句话,就是要通过科技创业和人才来发展经济,而不是简单地通过扩大投资、资源和环境的损耗来发展。

不同的经济发展方式和模式有不同的发展理念和发展路径。过去我们在 GVC 下发展出口导向型经济,往往是通过建设各种产业园区(如经济技术开发区、出口加工制造业园区、高新技术园区等)的载体平台来发展出口型制造业。主要办法是以低廉的要素成本,建设良好的基础设施加上优惠政策吸收外国资本。这种发展经济的办法,与"十三五"规划时期中国在创新经济中强调科技创业,是完全不同的两种战略思路和路径。主要表现为:(1)在目标上,前者是在中国制造,而后者是由中国创造;(2)在性质上,前者是依赖型经济,而后者是开放的自主经济;(3)在动力上,前者是 FDI 主导型的外生驱动力,而后者是本土企业创新驱动的内生动力;(4)在要素上,前者是引进资本、机器设备、技术为焦点,而后者是以人力资本投资和人才制度创新为焦点;(5)在抓手上,前者重点是对出口导向的开发区建设,而后者则是以科技创业、建设创新平台和综合创新环境为主;(6)在政策上,前者主要是针对物质资本的引进实施包括土地利用、税收、信贷等在内的各种优惠政策,而后者则是针对人力资本创新,进行物质和精神、文化的鼓励和诱导;(7)在后果上,前者一般只能取得较低的附加值,而后者必然获得高附加值。

应该指出的是,在新一轮全球化浪潮下,嵌入 GIC 的创新型经济与加入 GVC 的外向型经济并不冲突,它们是高度依存的。创新经济不是一种简单的出口导向型经济,而是一种高水平的开放型经济。我们一方面要利用中国庞大的内需、基础的创新促进平台等,形成吸收国内外先进生产要素的竞争优势；另一方面趁着资本大规模的走出去，可以利用"逆向发包"原理，就地吸收发达国家的知识、技术和人才[1]，让这些先进的生产要素进入中国，并为中国发展创新驱动型经济做贡献。

（二）基于链长制促进产业链与创新链协同发展

"两链"融合是实现双循环发展新格局的关键一环。产业链与创新链的脱节或矛盾冲突，最终都会体现在国内市场或与国际市场的循环不顺畅上。"两链"融合就是要突破这一发展瓶颈，其发展思路的核心在于两个层面，一方面是创新要围绕产业需求部署和推进，着力于将科学知识转化为经济社会价值，构建起从知识创新、技术研发到科技成果转化、大批量生产的完整链条，实现强链、锻链的现实需求；另一方面，是创新要适度超前，形成创新引领产业发展的格局，从而突破产业链拓展、延伸和提质的技术瓶颈、产品瓶颈和市场瓶颈，实现补链、创链的现实需求。产业链与创新链之间的矛盾和冲突，是一个"花钱创造知识"与"知识创造财富"的链条中的不协调和不衔接的融合问题。负责创新的科学家，与负责创造财富的企业家相比，他们在追求的目标机制、绩效的评价机制、行为模式等方面有根本的不同，从而造成上述"两链"衔接和融合的障碍。为此，在实施链长制的条件下，处于高层次的链长可以设法从以下三个方面做好两者之间牵线搭桥的中介事务，推动形成"两链"相互循环、相互促进的发展格局。

第一，做实平台载体。借力"链长制"，拓展和深化制造强国战

[1] 张月友,刘丹鹭.逆向外包:中国经济全球化的一种新战略.中国工业经济[J].2013(5).

略的"工业强基"工程,组织实施产业基础能力攻关工程,推动重大示范工程实施,组织重点突破关键基础材料、核心基础零部件、元器件以及先进基础工艺,建成较为完善的产业技术基础服务体系,弥补产业基础的短板。对接国家战略需求,科学布局、协同共建大科学设施,鼓励本土企业积极参与中外科技伙伴计划,推动设立全球领先的科学实验室和研发中心,形成科研设施的集群化、集团化、集约化发展,依托于此,加强对前沿技术、颠覆性技术、现代工程技术的前瞻性研究,推动创新链条向前端移动。加强技术知识共享平台、技术试验平台以及技术转移平台的多方建设,通过新建平台实现技术创新资源优化升级及最优配置,精准服务企业创新发展。设法搭建交流平台,如创设产业教授、论坛等制度,打破企业间、部门间、行业间和区域间的壁垒,促使海量科技信息的有效整合、快速检索、准确导航和远程服务,避免形成分散的"信息孤岛"。要求政府投入的大学、研究机构的实验室,要制度化地对产业界开放,或者可以考虑让产业界收购兼并应用型研究所,进而加快形成产学研合作,促进原始创新和成果转化。在关键产业领域,鼓励行业龙头企业联合供应链上的重点企业,组建各种产学研合作联盟,实现隐性知识和技术等无形资源的传递、交换、组织、优化配置、积累等,进而推动在关键核心技术和"卡脖子"技术上联合攻关、重点突破。

第二,强化要素投入。在"链长"的支持下,有目标、有计划、有步骤地加大对基础研究和关键共性技术、前瞻技术、战略性技术研究等领域的投入力度,加快构建以 5G 基站建设、特高压、城际高速铁路和城市轨道交通、新能源汽车充电桩、大数据中心、人工智能、工业互联网等为核心的新型基础设施。设立创新发展基金,如科技创新合作基金、人才开发基金、创新创业基金等。这种基金,政府可以先拿出一些资金,同时开展全社会募集,特别是要动员相关大公司、大机构等提供资金。基金主要用于科技创新基础设施建设、人才培养、创新创业平台建设、区域合作联盟、课题研究等项目,且要具备一定的商业运作能力。培育和引入与产业链发展需求相适应的高端创新型人才和技术研发团队。通过加快户籍、档案等管理制度改革,完善人才权益保障和社会公共服务体系等创新政策,从根本上减少人才流动的风险和代价,为各类科技创新人才有序自由流动和身份有序自由转换提供基本的制度保障。探索与国际通行做法相衔接的人才评价方法和职业资格认证体系,进一步完善高端人才的引进机制和服务方式,给予科技创新人才高强度的投入、高丰度的资源、高自由度的机制,形成优良创新生态,切实解决高端人才创新创业面临的各种难题,鼓励和支持科技创新人才持续开展研究与产业化工作,将论文写在产业第一线。此外,坚持自主创新与开放创新相结合。一方面,依托自贸区、高新区、经济开发区等,吸引全球顶尖创新资源在我国开展核心技术攻关,提高产业链、创新链的价值能级;另一方面,支持各类创新主体在境外设立科研机构,提升链接全球创新资源的能级。

第三,加强政策配套。链长制有利于发挥新型举国体制优势,综合运用科技立法、战略规划、财政政策、税收政策等政策手段,优化创新资源保障供给和配套支撑,提高政府集聚高端资源、推进科技创新和技术攻关的能力。加快落实高校、科研院所的科研人员自主创业的相关政策,提高对科研人员创新创业的激励。完善科技成果转化法律法规,继续探索分配制度和产权制度。制订价值链的利润分享计划,对于产业链中共同开发的新产品和新技术取得的利润,按照前期研究开发的投入比例进行分成,并构建合理的绩效考核体系,运用企业战略联盟发展基金,根据企业绩效水平对技术创新合作驱动价值链升级的企业予以奖励,实现利润的合理配置。积极推动相关保障措施写入对应法律法规,如《知识产权保护法》《政府采购法》《反垄断法》等。同时,加强立法之间的协调性,相关执法部门联手制定具体实施细则,切实将相关科技协同创新中的制度性成果落到实处。

第三节　长三角地区推进
产业链供应链更高水平的开放

在新发展格局下,构建安全可靠、自主可控的产业链供应链体系具有极其重要的战略意义,这需要以产业链现代化为前提。实际上,产业链现代化是一个包括产业基础能力提升、运行模式优化、产业链控制力增强和治理能力提升等方面内容的现代化过程。这是一个非常宏伟、远大的目标,也是当前和今后一个时期我国经济发展中的重大战略任务。

一、推进产业链现代化需要更高水平对外开放

推进产业链现代化,需要清醒地认识到我国工业发展的现实水平,这是我们的起点和基础。正如工业和信息化部原部长苗圩在全国政协十三届四次会议上的发言所指出的,在全球制造业四级梯队格局中,中国处于第三梯队,实现制造强国目标至少还需 30 年。即使是制造业最发达的长三角地区,也仍然处于世界制造业第三梯

队。当前我国制造业大而不强、全而不优的局面并未得到根本改变,基础能力依然薄弱,关键核心技术受制于人,卡脖子、掉链子风险明显增多。因此十分显然的是,在推进产业链现代化的进程中,虽然我们庞大的国内市场可以实现很多产业的自我循环,但是无论是从技术还是成本的角度考虑,达到世界领先的水平不能仅仅依靠自己的力量,在绝大部分产业门类中,我们都不能关起门自己跟自己玩游戏,不能追求与世界分工体系没有紧密联系的全产业链,而是应该依托国内市场优势和其他禀赋优势,积极融入全球产品内分工体系,参与国际经济循环,争取在我国有竞争优势的某些环节嵌入全球创新链网络,加强国际产业链合作,提高我国产业技术水平,实现共赢发展。

李克强总理在 2021 年的政府工作报告中同时提出,实施更大范围、更宽领域、更深层次的对外开放,更好参与国际经济合作。更大范围、更宽领域、更深层次的对外开放,自然意味着高水平开放。其实,在高水平开放中推进产业链现代化,与形成双循环新发展格局下安全高效、自主可控、自立自强、自主创新的产业链体系是不矛盾的。对外开放,不意味着对外依附;自主可控,不代表自力更生;自立自强,并非是要闭关锁国。一方面,产业链的更高水平开放,可以在国内庞大市场的支撑下,依托国内经济循环体系形成对全球要素资源的强大引力场,以国际循环提升国内大循环效率和水平,改善我国生产要素质量和配置水平,推动产业转型升级,进而塑造我国企业参与国际合作和竞争新优势。另一方面,产业链现代化建设将提升我国优势产业的国际领先地位,锻造出我国长板产业的撒手锏技术,从而形成对那些把产业链当政治武器,对我方企业人为脱钩、断供、制裁的行为主体的强有力反制和威慑能力。

二、在更高水平对外开放中推进产业链现代化的思路和途径

在更高水平对外开放中推进产业链现代化,必须重建全球产品内分工合作的利益基础、信任机制和规则体系。过去经济全球化之所以可以在产品内分工的形态下蓬勃展开,主要归因于这种以效率取向的分工形式,可以让产业链上的各参与主体都能在信任和规则的基础上,获取合作所达到的满意的利益。新冠肺炎疫情的全球蔓延,极大地冲击和损害了过去由跨国企业主导的分工协调机制,如疫情中物流体系的严重堵塞,关键医用物质、原材料、粮食等供给的短缺,引发了社会恐慌,破坏了供应链"及时交货系统"存在的基础。最根本的是它动摇了全球产品内分工的信任基础,动摇了一些国家的政府支持经济全球化开放的政策和政治基础。重新构建全球分工合作体系的利益、信任机制和规则体系,是推动新一轮全球化的基础和前提。为此习近平总书记多次提出,"中国将着力推动规则、规制、管理、标准等制度型开放,持续打造市场化、法治化、国际化营商环境",这表明中国将致力于重构产品内分工的信任机制和规则体系,奋力推进产业链更高水平的开放,而不是逆全球化的自我封闭。

在更高水平对外开放中推进产业链现代化,必须建设强大的国内经济循环体系,具备稳固的基本盘。进一步对内开放、打通国内循环的各种堵点、实现高水平的自立自强和自主创新,是高水平开放的必要前提。只有通过对内开放和深化改革形成强大国内市场,才能以国内市场虹吸全球创新资源,才能以中国市场的成长为全球产业链复苏和恢复做出中国贡献。同样,只有全面加强对科技创新

的部署,集合优势资源,加强创新链和产业链对接,我们的产业链才有资格参与全球分工合作,才能从嵌入全球价值链逐步转向加入全球创新链的分工合作。

在更高水平对外开放中推进产业链现代化,必须坚决维护产业链的全球公共产品属性。我们要坚决反对经济全球化中的单边主义、封闭主义和狭隘民族主义,反对在这些不良倾向主导下把产业链政治化和武器化的损人不利己的做法。在未来国际经贸合作中,要基于利益共享、合作共赢和相互信任的基础,消除非经济因素对产业链稳定性、安全性的干扰,推动形成维护全球产业链稳定安全的国际共识和准则,通过国际协调和合作阻止危害全球产业链安全稳定的不良行为。

由此,可以在以下具体举措上下功夫:

第一,需要通过推动进出口稳定来实现产业链现代化发展。改革开放 40 多年来的经验表明,稳定的进口可以持续地消化吸收国外的先进技术、关键产品、关键工艺和设备,弥补国内产业供给不足,壮大国内产业链基础;而稳定的出口将使中国企业的产出放在全球竞争性市场中检验,不仅可以增加对国内产品的需求,更重要的是可以提升其技术、质量和客户满意度。为此一要通过调整出口信贷、出口信用保险、承保和理赔条件、贸易外汇收支便利化等政策手段,支持中小企业的出口贸易活动;二要继续稳定加工贸易模式,大力发展跨境电商等新业态,支持中国企业开拓多元化的出口市场;三要优化调整进口税收政策,增加优质产品、设备和服务的进口,尤其要办好进博会、广交会、服贸会等重大展会。

第二,需要通过积极有效利用外资来实现产业链现代化发展。利用外资不仅可以直接促进东道国生产能力的提升、产出和就业的增长,而且这一过程中所带来的技术转移和管理技能,将极大地促进产业链现代化水平的提升。新冠肺炎疫情暴发以来,我国利用外资的总体水平不仅没有降低,而且在全球率先实现了经济的正增长。但是也要注意的是,2020年来华绿地投资出现较大幅度总量数据的下降,其中美国对华绿地投资下降幅度较高,出现了明显的产业转移现象。为此一是要加强利用外资管理方式的改革,如要进一步缩减外资准入的负面清单;二是根据全球产业链日益呈现服务化的趋势,积极推动服务业有序开放,创新服务贸易方式,增设服务业扩大开放综合试点,制定跨境服务贸易负面清单;三是推进海南自由贸易港建设,加强全国各地已经批准实施的自贸试验区改革开放创新,推动海关特殊监管区域与自贸试验区融合发展,利用好、发挥好各类开发区开放平台作用;四是坚决按照竞争法要求,促进内外资企业之间的公平竞争,依法保护外资企业合法权益。

第三,需要通过高质量共建"一带一路"来实现产业链现代化发展。过去我国产业链的开放发展,是在嵌入西方国家跨国公司为主导的全球价值链中实现的。现在随着经济全球化态势的改变和我国新发展阶段的要求,我们完全有必要依托于国内市场逐步构建全球价值链,通过高质量共建"一带一路",在与世界的合作共赢中实现产业链现代化发展。为此一是要坚持共商共建共享,坚持以企业为主体、遵循市场化原则,健全多元化投融资体系,有序推动重大项目合作;二是在推进基础设施互联互通的基础上,进行广泛的产能合作,输出中国丰富的有竞争优势的产能;三是要通过完善合作主体选择机制、优化合作方式等提升对外投资合作质量效益。

第四,需要通过深化多双边和区域经济合作来实现产业链现代化发展。全球产业链呈现区域化集聚发展态势,可能是疫情后经济全球化的一个重要特征。这种区域化集聚发展的主要形式,是依托多边贸易或区域全面经济伙伴关系协定。美加墨自由贸易区协定在这方面开启了一个先例。中国也应该争取区域全面经济伙伴关系协定(RCEP)尽早生效实施和中欧投资协定签署,加快中日韩自贸协定谈判进程,积极考虑加入全面与进步跨太平洋伙伴关系协定。因为中美贸易关系是中国必须面对和处理的最重要的关系,因此更为紧迫的是,要在相互尊重的基础上,推动中美平等互利经贸关系向前发展。

后　记

2019 年底,中共中央、国务院印发《长江三角洲区域一体化发展规划纲要》。这标志着持续 30 多年的长三角区域一体化发展迎来了历史性重大机遇,迈入更高质量一体化发展阶段。

当前,随着国家进入全面建设社会主义现代化国家新征程、向第二个百年奋斗目标进军的新发展阶段,长三角区域面临着率先加快构建双循环新发展格局的重大任务。因此,长三角一体化发展将不仅是一个区域性的经济发展问题,而且是事关中国经济全局的战略和路径抉择。也就是说,长三角一体化发展不单单要谋求长三角区域三省一市的高质量发展,还要积极融入和主动服务于全国加快构建新发展格局的大局。

新发展格局下长三角一体化发展被赋予了新的使命和任务,也提出了更高的要求。正如习近平总书记 2020 年 8 月 20 日在合肥主持召开扎实推进长三角一体化发展座谈会并发表重要讲话时强调:"面对严峻复杂的形势,要更好推动长三角一体化发展,必须深刻认识长三角区域在国家经济社会发展中的地位和作用。第一,率先形成新发展格局。第二,勇当我国科技和产业创新的开路先锋。第三,加快打造改革开放新高地。"

本书内容主要围绕习近平总书记对长三角区域的上述三点定位依次展开。在总论部分,对新发展格局的历史逻辑、理论逻辑与现实逻辑进行了分析,在此基础上,讨论了长三角一体化在新发展格局中的新定位和新作用,并进一步提出双循环新发展格局下长三角一体化发展的新路径。

第一篇为"长三角率先形成新发展格局",主要研究了长三角一体化发展的市场基础、动力机制、产业支撑、制度基础以及空间载体等五个方面的内容。具体探讨的问题包括:长三角如何以市场一体化为核心推进长三角一体化发展,并以长三角区域股权交易市场一体化作为案例进行分析;长三角一体化发展的"双强"动力机制内涵、主要障碍以及推进路径;长三角一体化发展下产业体系的协同发展,其导向和关键分别在于现代化经济体系和均衡虚实经济结构;长三角一体化的制度供给和制度创新的基本方式,着重分析了双循环下地方政府探索产业政策创新的"链长制";新型城镇化与长三角一体化的内在关系,分析前者为后者提供空间载体的基本逻辑。

第二篇为"长三角勇当我国科技和产业创新的开路先锋",重点从科技创新和产业创新两个角度来阐述新发展格局下的长三角如何实现创新驱动一体化发展。其中,在科技创新方面,长三角需要建设科技创新共同体,结合沪宁合产业创新带案例对其中的建设重点及制度保障进行分析。在产业创新方面,着重考察了长三角产业创新与产业链现代化的内在关系,分析推动长三角产业创新的协调机制与政策设计,并结合泰兴化工产业集群案例进一步探讨了长三角产业创新中建设世界级产业集群的若干问题。

第三篇为"长三角加快打造改革开放新高地",深入剖析了新发展格局下长三角一体化发展中的改革和开放问题。就改革的内容而言,长三角一体化发展需要加快市场化取向改革,其中心环节仍然在于政府改革,尤其需要从纵向改革转向横向改革。就开放的内容而言,一方面,长三角一体化发展下的开放模式需转型,应加强对内开放功能;另一方面,长三角一体化发展仍然需要扩大对外开放,通过主动嵌入全球创新链,实现高水平对外开放中的创新发展。

本书是面向问题、面向实践的应用性研究,不是传统意义上的理论分析,也不是人们理解的政策阐释,因此,我们极力避免书中出现复杂的数学公式、计量分析等,以使得仅具备经济学基本常识的非专业学者也能够理解书中所有观点。

我们特别感谢以下诸位,他们因与本书作者合作研究,而对书中部分章节相关内容提供了素材和重要观点。当然,本书的任何缺点最终由我们负责。他们是(按姓氏拼音排序):陈柳(第2章、第4章、第9章),杜宇玮(第11章),江静(第9章),王亚利(第9章),徐宁(第1章),查婷俊(第5章),章寿荣(第11章)。本书的最终完成,也离不开安徽人民出版社的信任和支持,尤其是何军民总编辑和编辑部同志们的辛苦付出,我们在此深表感谢!

刘志彪

2021年7月于疫情防控中的南京大学丙丁楼